LE PETIT LIVRE DES PORTE-BONHEUR

ISBN : 2-02-080356-9

www.seuil.com

CAROLINE & MARTINE

LAFFON

LE PETIT LIVRE DES PORTE-BONHEUR

SEUIL

DE MARTINE LAFFON

– *Le Surplus du monde*, Desclée de Brouwer, coll. « Littérature ouverte », 2000.
– *Jonas ou le Refus*, Éditions Alternatives, coll. « Pollen », 2000.
– *La Nuit*, Desclée de Brouwer, coll. « Proches lointains », 1999.
– *Délit de fuite*, Seuil, 1997.
– *Le Livre du secret des choses*, Éditions Alternatives, coll. « Pollen », 1995, réédité en 1999.
– *Le Dit d'Amour*, Éditions Alternatives, 1995, réédité en 2000.
– *Le Tablier bleu*, Éditions Alternatives, coll. « Pollen », 1991, 6e édition en 2002.

DE CAROLINE ET MARTINE LAFFON

– *Les Hommes jardiniers*, Seuil, 2004.
– *Les Monstres. L'imaginaire de la peur à travers les cultures*, Éditions de La Martinière, 2004.
– *Habitat du monde*, Éditions de La Martinière, 2004.
– *Jour de noces*, Seuil, 2002.
– *Médecines d'ailleurs*, Éditions de La Martinière, 2002.
– *Enfants d'ailleurs*, Éditions de La Martinière, 2001.

9,€50
LA PIÉCE
CONTRA el MAL
CONTRA el MAL
Jabón
San Miguel

« On ne sait jamais », disait Niels Bohr, prix Nobel de physique, à ses éminents confrères qui lui reprochaient d'avoir accroché un fer à cheval au-dessus de sa porte d'entrée !

Depuis que les hommes se confrontent aux lois de la nature et à leurs semblables, ils tentent de les apprivoiser pour mieux les supporter. En Inde, au Japon, en Chine, en Afrique ou en Europe, aucune culture n'échappe à cette tentation d'investir de forces symboliques, de pouvoirs ou de puissances magiques ce qui pourrait, selon eux, se révéler bénéfique. Coquillage, bout de laine ou bout de papier, pièce de monnaie, boucles d'oreilles, griffe, plante, rites, incantations, objets fétiches ou totem animal, tout est bon pour infléchir le destin et son cortège d'imprévisibles à son profit.

Le Petit Livre des porte-bonheur dévoile comment chacun essaye de mettre toutes les chances de son côté. Il raconte l'origine, l'histoire, les transformations des porte-bonheur au gré des cultures, mais aussi les pratiques qui leur sont liées. Loin d'être un catalogue de croyances superstitieuses, cet ouvrage propose un inventaire insolite à l'usage de ceux qui se demandent pourquoi et comment le recours au magique accompagne les préoccupations humaines, en leur laissant leur part de rêve, sans en être dupes.

Cha

nce

Cha

16 17

Chance, ce petit mot lourd de conséquences viendrait, dit-on, du latin « tomber ». Et de le savoir soudain tout s'éclaire. Tombée du ciel la manne, pour ceux qui cherchaient autrefois de quoi ne pas mourir de faim dans le désert ; tombée du ciel la gloire des héros protégés par les dieux ; tombés du ciel aussi le pouvoir, l'autorité, les honneurs, la richesse sous les yeux amusés de ceux qui, depuis l'aube des temps, se plaisent à faire osciller le destin des hommes entre chance et malchance. On prétend d'ailleurs qu'il vaut mieux éviter de provoquer leur jalousie en se souhaitant bonne chance, car ces vœux heureux adressés à de simples mortels attireraient plutôt les catastrophes. Un juron retentissant permet de ruser avec les humeurs célestes. Les druides celtes utilisaient une roue de la fortune pour consulter les divinités ; voilà pourquoi la chance tourne. Une petite roue en métal portée en breloque autour du cou écartait la malchance. Au Japon, le petit moulin à vent aurait ce même pouvoir. Le cycle des saisons ou celui d'une année étant aussi représenté par une roue dans de nombreuses cultures, le nouvel an est le moment propice pour espérer une chance généreuse. Mais les avis sur ce qu'il faut faire sont partagés : un grand ménage pour les uns afin de mettre le mauvais sort dehors, pas question pour les autres de sortir son balai ! Cela équivaudrait à balayer sa chance. Quoi qu'il en soit, la chance est bien souvent personnifiée. La voilà qui sourit, boude et change de main. Son caractère versatile lui doit d'être saisie au moment où elle passe.

TRÈFLE

Le trèfle, à y regarder de plus près, était fait pour porter chance. Du point de vue botanique, il a toujours été annonciateur de quelque chose. Ses feuilles se redressent à l'arrivée du mauvais temps, et la plante se recroqueville sur elle-même lorsque la tempête menace. On a beaucoup aimé le symbole du trèfle en Occident, parce qu'autrefois, dans la société rurale, les vaches et autres ruminants s'en régalaient bien plus que de l'herbe des prés. Ce qui était bon pour les animaux devait bien profiter un peu aux hommes aussi. Voilà pour celui qui est à trois folioles. Quant à celui qui en comporte quatre, c'est évidemment sa rareté qui en fait le symbole de la chance, à moins que ce ne soit le chiffre 4, signe de plénitude, qui lui ajoute des vertus ? Celle-ci est-elle multipliée lorsque l'on trouve par hasard un trèfle plus exceptionnel encore à cinq, six ou sept feuilles ? Difficile de le savoir…

ARAIGNÉE

En Inde, les brahmanes ont vu du sacré dans l'araignée. Pourrait-on assimiler son pouvoir à celui de Dieu ? Créer comme lui à partir du néant, en tissant cette toile qu'elle extrait de sa propre substance… Mais faut-il pour autant remettre son destin dans les pattes d'une mygale ? En Afrique, certains sorciers s'en servent lors de leur divination et interprètent comme autant de signes les traces que l'araignée aura laissées dans le sable. Les Incas au Pérou observaient aussi minutieusement son attitude avant de rendre leur oracle. Que ses pattes soient raides et c'était plutôt signe de malchance. En Occident, il nous reste le célèbre adage plus facile à vérifier : « Araignée du matin, chagrin ; araignée du soir, espoir. »

ASTRES

Être né sous une bonne étoile détermine-t-il notre destin ?

On dit que l'homme de Cro-Magnon s'intéressait déjà au cycle des étoiles en le marquant à coups d'entailles sur des os. Dans l'Antiquité, l'astrologie était réservée aux rois et aux grands prêtres. Elle permettait de prévoir le temps et les catastrophes naturelles ou de déterminer quels seraient les moments les plus propices pour entrer en guerre. Les Chaldéens, qui développèrent l'astrologie natale, pensaient que les personnes nées au même moment avaient le même caractère, à cause de la position des étoiles. Depuis toujours, les Chinois consultent les astres avant de prendre des décisions importantes ; afin de connaître la journée nuptiale idéale, voire la meilleure heure pour la célébration, le devin compare scrupuleusement les dates de naissance des mariés. En Corée, les nouveaux époux se verront remettre leur thème astral en plus de leur acte de mariage. Autrefois, en Inde, les devins brahmanes n'hésitaient pas à affiner leurs prévisions jusqu'au jour du mariage, car de mauvaises influences pouvaient gâcher la fête à tout instant. Si tel était le cas, ajouter des cadeaux d'une couleur bénéfique comme le jaune permettait d'éviter de décommander la cérémonie.

HYACINTHE
HOMME FORT
CAPRICORNE
CANCER
BELiER
EAU DE VIE
ESPRIT DIVIN
POU AIME MOINS
RAMENANCE
DOUDOU

CANCER

CRABE

Les prêtres-guérisseurs muktele du nord du Cameroun enferment un crabe dans une demi-calebasse avec du sable. Ils y posent des petits morceaux de bois représentant différents aspects sociaux de la vie de leur patient : parenté, voisinage, travail… Une demi-heure plus tard, ils soulèvent la calebasse et observent le trajet effectué par le crustacé à dix pattes autour de ces éléments. Selon que celui-ci en a renversé certains ou pas, les prêtres rendent un oracle qui permettra, en plus d'expliquer de quoi souffre le malade, de prédire son avenir et ce que lui réserve la chance.

CARTE

Les jeux de cartes seraient apparus en Asie bien avant ceux que l'on connaît aujourd'hui en France. Jusqu'en 1945, leur fabrication devait se faire sur un papier filigrané vendu par l'État. Des cartes officielles qui, raconte-t-on, auraient vu le jour à la fin du XIVe siècle sous Charles VI. Les quatre couleurs correspondaient aux quatre grandes classes de la société française de l'époque. Le carreau symbolisait les marchands et les banquiers, le trèfle les paysans, le pique les militaires, le cœur le clergé. Ce sont les soixante-dix-huit cartes du tarot, de l'italien *tarocco*, étymologiquement proche de *tara* (« déduction »), qui ont toujours eu la prédilection des diseurs de bonne aventure, qu'ils soient indiens, chinois, tziganes, égyptiens ou proches des alchimistes. Tirer une carte de pique ou de carreau n'est pas de très bon augure d'après ceux qui pratiquent la divination, des ennuis inopinés ou matériels ne seraient jamais loin. Le cœur irait évidemment de pair avec l'amour ; quant au trèfle, toujours symbole de chance, ce serait l'as qui promettrait un bel avenir.

A JOUER

XIII
L'A·ROVE·DE·FORT

LA·LUNE
LA JUSTICE
XVIIII

1.2
95

PATTE DE LAPIN

Aimé, mal-aimé, la symbolique du lapin semble ambivalente au fil des siècles. En Occident, au Moyen Âge, on dit à cause de ses terriers que c'est un animal chtonien. On le pense lié aux puissances infernales, en référence à la mythologie grecque et à Chthonos, la divinité de la terre souterraine, des abîmes et des abysses. Quelques siècles plus tard, à l'instar des oiseaux, on redonne au lapin une place plus poétique dans le bestiaire de la prairie. Son caractère magique est toujours présent, mais cette fois-ci positivement. Les Anglo-Saxons, réputés pour utiliser aujourd'hui encore la patte de lapin comme porte-bonheur, l'accrochent sur leur porte-clefs ou bien au rétroviseur des voitures. Autrefois, dans les campagnes, la queue ou les oreilles de cet animal servaient aussi de mascottes. Les bergers lui ont toujours préféré la plus terrible patte de loup. Ils la suspendaient au-dessus de la porte de l'enclos pour protéger métaphoriquement leurs moutons des dangers. Qui l'eût cru ?

ALOÈS

La légende raconte que, vers 300 avant J.-C., Alexandre le Grand envahit l'île yéménite de Socotra, au large de l'océan Indien, non pour une quelconque manœuvre politique, mais pour mettre la main sur une plante, qui poussait là-bas en abondance. L'huile d'aloès, cette succulente, l'aurait guéri quelques années auparavant en Palestine d'une horrible blessure. Il désirait en posséder en grande quantité pour soigner à son tour ses guerriers et poursuivre l'encerclement de l'Empire perse. L'aloès est une plante que l'on affectionne depuis toujours dans le monde musulman. Les Égyptiens l'appelaient « la plante de l'immortalité ». À La Mecque, elle est plantée près des tombes. Ses feuilles sont épaisses et charnues, et son suc amer a des vertus thérapeutiques. Elle décore aujourd'hui la porte d'entrée de certaines maisons, accrochée comme talisman pour chasser les djinns et faire venir la chance.

BONFIM
ENHOR DO BON
BONFIM DA BAHIA
LEMBRANÇA DO SE
+ LEMBRANCA

NŒUD

On a retrouvé dans la culture pré-colombienne des cordes nouées qui avaient un caractère sacré. Lors du culte religieux, elles devaient servir à capter l'immatériel, à le canaliser pour ainsi s'attirer les bonnes grâces des dieux. C'est peut-être une réminiscence de cette croyance que l'on retrouve dans les bracelets brésiliens tout de fils croisés. La coutume veut qu'ils soient offerts à un proche, lequel fera un vœu lorsqu'on lui en attachera un au poignet. Les superstitieux pensent qu'il ne faut jamais l'enlever et laissent à l'usure le soin de faire venir la chance. Quand le bracelet se rompt, c'est à ce moment précis que le vœu doit s'exaucer. Dans l'Antiquité romaine, pour attirer la chance, les gens aisés portaient autour du cou la *bulla*, une sorte de capsule entourée d'or ou de pierres précieuses. Les pauvres ne portaient, eux, qu'une lanière nouée comme amulette.

Ar

gent

Ar

42 43

Jarres remplies d'or qui ne se vident jamais, arbres à pièces déversant leurs bienfaits, les contes populaires savent que si l'argent ne fait pas le bonheur, il participe le plus souvent à la récompense d'un héros, certes initialement désintéressé, mais qui voit finalement son triomphe assuré tout autant que sa position sociale par un afflux de richesses inépuisables. Les moralistes y verront certainement à redire, y trouvant l'insatiable appât du gain, mais convier la divine Fortune chez soi ou au comptoir de son petit commerce n'a rien d'inavouable. Qui voudrait lui fermer sa porte, elle qui du haut de sa corne d'abondance déverse bienfaits à qui sait la séduire ? Les Anglais ne considéraient-ils pas autrefois qu'une jeune fille se tenant derrière eux lorsqu'ils étaient assis à une table de jeu était signe de bonne fortune ? Pourquoi les dieux ne nous aideraient-ils pas un peu ? Les enfants pauvres de Chine vendaient autrefois de porte en porte l'effigie du dieu de la Richesse, sachant que personne ne refuserait d'acheter ce qui pouvait assurer la leur. On dit que l'argent attire l'argent un peu comme un aimant et qu'il est bon d'avoir une pièce au fond de sa poche à la nouvelle lune ou, mieux encore, à la pleine lune. La rotondité de l'astre associée à la symbolique du métal arrondirait aussi les porte-monnaie. Et selon les croyances populaires, certaines pièces, bien que trouées en leur centre, éloigneraient les ennuis financiers. Le mal contre le mal en quelque sorte, le trou dans la pièce conjurant peut-être avec humour le trou dans la caisse… Réussite, succès, prospérité, abondance sont les complices de la richesse et ce qui profite aux uns profite aux autres. Voilà pourquoi un même porte-bonheur peut les attirer tous ensemble.

MANDA-RINE

« Que l'étoile de la prospérité et celle de la joie brillent sur vous toute l'année. »

En Chine, les dettes doivent être remboursées avant le nouvel an, c'est-à-dire avant la première nouvelle lune de l'année civile jusqu'à la pleine lune. Pendant cette période qui dure quinze jours, il est fortement déconseillé de prêter de l'argent à quiconque, sinon on en prêtera toute l'année. Par sa couleur jaune et dorée, symbole de lumière, la mandarine est un fruit de décoration très prisé. On la pose sur des plateaux et l'on en offre des petits sacs à ses amis comme vœux de bonheur. Croissance, richesse et réussite sociale, voilà les vœux les plus formulés. Le quatrième jour du nouvel an étant celui des affaires, marchands, commerçants, employés et chefs d'entreprise s'y retrouvent pour festoyer. Une façon d'attirer à soi Ts'ai Shen, le dieu de la Fortune !

POULE

Mais pourquoi une poule pour s'attirer la richesse ? Peut-être à cause de la légendaire poule aux œufs d'or. En Europe, cette vieille coutume datant des Étrusques, qui consiste à tirer entre deux personnes sur l'os de la clavicule d'un poulet, existe encore. Celui qui remporte le plus long bout, pourvu qu'il ait fait un vœu, possède, paraît-il, la chance de le voir se réaliser.

Dans les cérémonies vaudoues, la poule blanche assure par son sacrifice un lien entre les vivants et les morts. Une pratique que les Irlandais connaissaient autrefois puisque l'on disait que le sang de la volaille servait à éloigner les mauvais esprits et les fantômes de la maison.

Autrefois, en France, il était coutume d'offrir une poule pour les mariages, non seulement pour agrémenter le repas de noces, mais encore pour attirer sur le nouveau couple argent et fécondité. Plus d'enfants, plus de bras vaillants et promesse de richesse ainsi assurée ? Certaines régions avaient même, pour renforcer le besoin d'abondance, fixé dans leur calendrier des jours où l'on devait obligatoirement préparer des omelettes. Mais avoir en Chine un « destin de coq », parce que l'animal passe sa journée à chercher sa nourriture, signifie mener une vie sans gloire ni richesse.

福

CHAT

Qu'il ait la patte gauche en l'air et ce sera bon pour les affaires ! Bien pragmatique, le chat japonais *maneki neko*, littéralement « faisant signe d'entrer », est bien en vue depuis des siècles chez tous les commerçants avisés de l'archipel. Les Chinois, qui conféraient au chat des pouvoirs plutôt magiques, ont aussi fini par l'adopter comme la mascotte du succès et de la richesse. Ils pensaient autrefois que la dilatation de sa pupille indiquait l'heure ou bien encore qu'il était l'incarnation de neuf esprits des morts. Ce sont les paysans chinois qui, à la suite des Japonais, reproduisirent le chat sur des images qu'ils collèrent dans leurs greniers pour protéger leurs récoltes ou leurs cocons de vers à soie. Les citadins les suivirent récemment dans cette pratique. Les Japonais des villes ou les Japonais des champs ont, quant à eux, toujours apprécié cet animal qui empêchait les pagodes d'être envahies par les rats. Le chat ne fait pourtant pas partie de leur calendrier zodiacal. Cette punition karmique serait due, selon la légende, au fait qu'il aurait dévoré un rat alors que celui-ci apportait des médicaments pour soigner Bouddha très malade. À bon chat, bon rat !

油辣椒
PHO
生抽王
福

RETOUR
MONTANT
S/N E050802804

PIÈCES

Autrefois, dans les campagnes françaises, pour porter bonheur à la mariée, on glissait une pièce dans son soulier. Mieux vaut d'ailleurs toujours avoir une pièce sur soi, pour tirer à pile ou face ou, selon une tradition immémoriale, résurgence des dons que l'on faisait aux divinités de l'eau, pour la jeter dans une fontaine et prononcer un vœu. À Rome, depuis le XVIIIe siècle, la réputation de celle de Trévise n'est plus à faire. Si cette coutume contribue au bonheur de nombreux touristes, elle assure au fil des ans une petite cagnotte aux services municipaux qui récupèrent les piécettes pour leur compte tous les vendredis soir. De la naissance à la mort, l'argent accompagne de nombreux rites. Les Mongols cousent de petites pièces sans valeur sur le bonnet de leurs enfants, un subterfuge destiné à détourner l'attention des démons, toujours prêts à s'accaparer subrepticement ce que l'homme possède de plus cher. De faux billets sont aussi brûlés lors des cérémonies mortuaires en Asie du Sud-Est et certains temples japonais frappent eux-mêmes une menue monnaie à offrir aux âmes des défunts.

E 30215591A

SAINTS-PROTECTEURS

Il fume le cigare et boit de l'alcool, mais pour les problèmes d'argent, il n'a pas son pareil. San Simon ou Maximon est une figure emblématique de la culture guatémaltèque. On lui voue un culte depuis deux cents ans. Représenté avec un chapeau et un costume noir, une cravate rouge, et portant un sac d'argent ou des pièces dans sa main gauche, il est censé apporter la richesse à ses adorateurs, de nombreux pentecôtistes notamment. Né d'une rencontre entre les religions catholique et indienne, plus précisément maya, ce drôle de saint est capable du meilleur comme du pire, car on peut aussi venir le consulter pour de funestes desseins. Lors d'une journée qui lui est consacrée au début de la saison des pluies, saison fertile pour les futures récoltes, chacun lui apporte des offrandes pour se concilier ses bonnes grâces. Au Pérou, c'est Equeco, une divinité andine, qui apporte la fortune et la chance dans la maison. En Amérique du Sud, comme en Colombie, de petites médailles en plastique montées sur un cordon avec la représentation du Christ ou de Marie se portent discrètement sous les vêtements, une version dérivée du scapulaire, que les fidèles à l'exemple des moines aimaient avoir comme signe de piété.

מזל

POISSON

Les écailles de saumon constituaient un porte-bonheur pour les femmes inuit. Elles les gardaient précieusement et pensaient qu'elles pouvaient favoriser leur habileté de couturière. Les pêcheurs bretons glissaient, eux, des petites représentations de poissons en bois sculpté dans leurs filets pour s'assurer les meilleures prises. Ainsi, chacun à sa manière pouvait prétendre à l'enrichissement de la maisonnée. En langue chinoise, « poisson » et « beaucoup » sont homophones. Il n'est donc pas étonnant que l'animal soit choisi pour illustrer les cartes de fin d'année, où le dieu de la Richesse est largement sollicité. Les Chinois n'hésitent pas non plus à le servir à table en entier pour la même occasion. Garder la tête, la queue et l'arête principale aidera peut-être à voir ses biens se multiplier. À cause de la grande aptitude du poisson à la reproduction, cette symbolique semble universellement partagée. Mais c'est surtout grâce à ses œufs et à leur étonnante profusion que le poisson est associé à la richesse. En Corée, on n'hésite pas à accrocher l'effigie du poisson dans son bureau. Et, pour les musulmans, en rêver est souvent signe qu'un bonheur va arriver.

RÂTEAU

Si les Britanniques imaginent parfois, lorsqu'un râteau tombe pointes en l'air, qu'il y aura une pluie brutale le lendemain, les moines japonais qui s'occupent de l'entretien des jardins zen manipulent cet outil avec des gestes quasi sacrés. Les paysans portent, quant à eux, un regard plus concret sur les réalités de la terre. Quoi de mieux alors comme porte-bonheur qu'un râteau qui pourra peut-être aider à ramasser la chance et donc un peu d'argent ? Orné de la déesse dodue Okame, associée à l'allégresse, et des idéogrammes de la chance, le *kamade* japonais s'offre pendant le jour propice du coq durant le mois de novembre.

浅草
交通安全

Pro

tection

Pro

64 65

tection

Amulette dont la force magique protège ceux qui la portent, talisman dont le pouvoir se concentre sur un seul problème, pentacle irradiant selon des correspondances planétaires, l'histoire des hommes est ponctuée de rites pour éloigner le mal, le néfaste, les mauvais esprits. Car le bonheur souvent convoité est de courte durée, si l'on n'y prend pas garde, et le malheur a vite fait d'entrer. Il est partout chez lui : corps, esprit, maison, temple, cité. Les Anciens le savaient et les sphinx, les taureaux ailés, les statues aux portes des villes et des demeures servaient à repousser l'inconnu, le dangereux et l'étranger. Que ce soient le seuil de son habitation, les orifices corporels, comme autant de portes ouvertes aux esprits malfaisants que l'on protège par des boucles d'oreilles, des bonnets effrayants, des ceintures de grelots, des petits poignards, chaque société invente et fabrique ses propres représentations symboliques pour échapper au mal. Sans doute le progrès des connaissances, les explications rationnelles et scientifiques des phénomènes naturels, des maladies, des processus provoquant une mort subite et stupéfiante ont-ils pris le pas sur la pensée magique. Mais personne ne peut répondre à cette ultime interrogation lorsque la maladie ou des maux de toutes sortes sont là : pourquoi moi plus qu'un autre ? pourquoi mon enfant ? pourquoi à ce moment-là de ma vie ? Cette incompréhension du malheur qui frappe aveuglément, sans distinction, renforce le besoin de protection.

LAIT

En Europe, on pensait que le lait était une boisson appréciée des fées. Aussi en aspergeait-on de quelques gouttes le sol de sa maison. Qui sait, peut-être auraient-elles alors envie de rester dans le foyer ? En Mongolie, pour être en bonne santé, il faut « boire du blanc ». *Tsaagan* en mongol signifie « blanc » et « heureux ». Le lait de jument fermenté, l'*airag*, est donc tout autant une protection contre les maladies qu'une assurance de longévité. Chez les Kabyles d'Algérie, lors des cérémonies de mariage, les époux partagent un verre de lait comme geste de protection. Il aide à installer le couple sous les meilleurs auspices. Le lait se rapporte à la mère, bien sûr, mais également au troupeau, qu'il soit de vaches, de chèvres ou de brebis, signe d'abondance et de fertilité pour les cultures pastorales. La couleur blanche, couleur primordiale dans bien des sociétés, possède une valeur d'harmonie, de lumière ou de fidélité. « Recevoir une nouvelle blanche » pour les musulmans du monde arabe est une façon de qualifier qu'elle est porteuse de bonheur. Les soufis voyaient dans le blanc la couleur de la sagesse.

D 7 MA1
À CONSOMMER JUSQU'AU :
LAIT FERMENTE
"Chergui"
لبن معقم
شراب منعش
يستهلك في كل الاوقات أو عند
الأكل
أن نوعيته ومزاقه يسمح له بأن يكون
مكمل ضروري للمأكولات الشرقية
١،٥٪ مواد دسمة
درجة حرارة الحفظ +6°
1 litre
LAIT FERMENTE
"Chergui"
لبن معقم
شراب منعش
يستهلك في كل الاوقات أو عند
الأكل
أن نوعيته ومزاقه يسمح له بأن يكون
مكمل ضروري للمأكولات الشرقية
١،٥٪ مواد دسمة
درجة حرارة الحفظ +6°
١ لتر

BRACELET

Si le cercle symbolise la plénitude, sans doute parce qu'il a été longtemps considéré comme une figure parfaite sans commencement ni fin, il délimite aussi un espace magique inviolable, surtout s'il est tracé autour de soi. Il n'est pas surprenant dès lors que, pour s'attirer chance et protection, on ait au cours des siècles, quelles que soient les civilisations, ceint sa taille, ses reins, son cou, ses bras et ses doigts, de ronds de toutes sortes. Il y en a eu en verre ou en métal, mais on pensait autrefois que les bracelets de cuir apportaient à ceux qui les portaient un surplus de force vitale, puisée dans la peau de l'animal. En Europe, les « semainiers », sept bracelets que l'on offrait aux petites filles, étaient censés leur porter chance chaque jour de la semaine. En Inde, les bracelets de cuivre portent bonheur. Leur couleur rouge semblable au feu et au sang évoque la chaleur, l'intensité, l'action et la passion. Dans la cosmologie dogon, au Mali, on retrouve aussi le cuivre comme métal bénéfique. Il représente l'élément eau associé au soleil, principe vital de toutes les choses.

TIGRE

Dans le Sud-Est asiatique, le Tigre-Ancêtre conduit les novices dans la jungle lors de leur initiation. Il les tue, puis les ressuscite. Il n'est pas étonnant alors qu'à leur retour chacun des officiants arbore une griffe de tigre pendue autour du cou. En Chine, l'animal, puissant et féroce, s'oppose au dragon. Les Cinq Tigres, emblèmes de puissance, sont les gardiens des quatre points cardinaux et du centre. Dans le bouddhisme, l'énergie du fauve est associée à celle de la foi et de l'effort spirituel, celle que l'on doit posséder pour traverser « la jungle des péchés ». Pour être investis de la vigueur de l'animal, les Chinois confectionnent encore des amulettes avec sa peau, ses poils ou ses dents. La pharmacopée a utilisé pendant longtemps des os de tigre broyés pour fabriquer des remèdes, et le célèbre « baume du tigre » a traversé les frontières pour ses vertus thérapeutiques.

ŒIL

L'œil fardé dit « œil d'Oudjat », symbolisant la plénitude dans l'Égypte ancienne, possédait une force cachée sans doute parce qu'il était semblable au soleil. C'était un contre-pouvoir puissant au « mauvais œil » d'Apopis, le Serpent, qui menaçait sans cesse la barque solaire. Mais Apopis n'est pas le seul en cause, toutes sortes d'êtres sont capables de jeter le mauvais œil. Alors tant pis, œil pour œil ! En cas de vol par exemple, les magiciens recommandaient de frapper l'œil d'Oudjat en lui ordonnant : « Tant que je te frappe l'œil avec un marteau, que l'œil du voleur soit frappé et qu'il soit tuméfié au point de le trahir. » Cette crainte du mauvais œil se retrouve au Maghreb et dans les pays de tradition musulmane. Certains affirment que le Prophète lui-même avait recommandé pour s'en protéger de recourir à des moyens magiques. Mais chacun sait que le mauvais œil symbolise celui qui ne peut regarder autrui sans convoiter ce qu'il possède. Alors, voitures, maisons, fortune, femmes, maris ou enfants, mieux vaut peut-être effectivement avoir sur soi un contre-pouvoir !

MAIN

Faut-il remonter à une tradition ancienne pour comprendre que la main des guérisseurs dans l'Islam, dotée d'un souffle magique, d'une baraka capable de guérir, explique peut-être les pouvoirs de la « main de Fatma » ? Cette main protectrice et sainte serait en réalité celle de Fatima, fille du prophète Muhammad et mère de tous les croyants. Elle porte chance et protège des maladies. L'incrustation d'un œil en céramique permet de renforcer sa puissance. Et si quelqu'un a le mauvais œil, il suffira pour détourner le flux de son regard d'ouvrir la main droite comme une parade pour arrêter et détourner le sort. En argent ou en ivoire, cette main peut avoir de trois à cinq doigts. Mains jointes en signe de prière, on croise aussi les doigts pour mettre la chance de son côté. De nombreuses amulettes reprenaient ce geste en Europe pour protéger des jeteurs de sorts et attirer la chance. On les appelait « mains de conjuration ». Quant à l'idéogramme de la « main de Bouddha », en Asie il est associé à la pêche, symbole de longévité, et à la grenade, celui de la fertilité.

DE FATMA

SHALOM
HEIDELBERG

吉祥如意

ENFANTS DU BONHEUR

Dans une province de Chine, il y a très longtemps, deux lions semaient la terreur. Comme ils s'attaquaient à leurs enfants, les habitants de la région allèrent supplier le grand Empereur de Jade pour qu'il intervienne sur terre. Le dieu se demanda comment il pouvait piéger les lions. Il décida de donner aux esprits qu'il allait envoyer sur terre l'apparence de deux enfants, un garçon et une fille. Ceux-ci eurent alors vite fait de mettre à mal les animaux féroces. En guise de remerciement, pour honorer ces esprits, appelés « Da a Fu », on place leurs images sur la porte de sa maison ou de son commerce. Au Japon, on aime prendre soin de « *zashiki warashi* ». Sorte de petit fantôme, petite fille ou petit garçon, il s'introduit dans les maisons et y apporte le bonheur et la prospérité. Il ne faut surtout pas le déranger, car son départ entraîne le déclin de la famille. On remarque sa présence lorsque l'on a l'impression que les objets ont été déplacés. Il ne serait visible que par ceux qui habitent dans la maison.

恭喜發財

萬事勝意

ÉTUIS

Dans la religion juive, les phylactères sont des petits étuis de cuir cubiques que l'on porte au front et au poignet pendant la prière. Ils renferment un morceau de parchemin sur lequel sont notés quatre passages incontournables de la Loi hébraïque. Cette pratique s'est étendue au monde arabo-musulman. Depuis, les amulettes que l'on porte autour du cou ou des bras sont des petits sachets qui renferment des versets du Coran. Au Japon, les temples bouddhistes et shintoïstes fabriquent leurs propres étuis, avec les idéogrammes du bonheur brodés dessus, dans lesquels a été placé un morceau de bois sacré. Quelques-uns sont même parfumés. On les met dans son sac, dans ses poches de vêtements, chez soi ou même au rétroviseur de sa voiture, car certains sont censés protéger des accidents.

交通御守

Oh mon ami que ta barbe
est douce aujourd'hui
C'est que mon coiffeur
m'a passé le BLOCHYALIN
PARIS 1900
MEMBRE DU JURY

ALUN

Distillation, sublimation, cristallisation, les alchimistes ont pendant longtemps tenté de transformer le métal le plus banal en or ou en argent. Au Moyen Âge, on s'adonnait plus particulièrement à cette fabuleuse recherche. À force de manipuler gaz, métaux et minéraux, certains savants, faute de découvrir ce qui les rendrait exceptionnellement riches, réussirent à établir les propriétés des substances qu'ils utilisaient. C'est le cas du médecin persan Rhazès avec l'alun. Outre son emploi particulier dans les arts et dans la pharmacopée, ce minéral fut employé pour retarder le pourrissement des corps. On retrouve d'ailleurs son usage astringent dans la médecine égyptienne. Grâce à ce pouvoir qui le faisait flirter avec l'immortalité, on conféra à l'alun un statut particulier. Très utilisés au Moyen-Orient, ses cristaux protègent du mauvais œil. En Asie, la pierre d'alun est apposée près des murs des maisons ou encore cousue à l'intérieur des vêtements d'enfants pour écarter les démons.

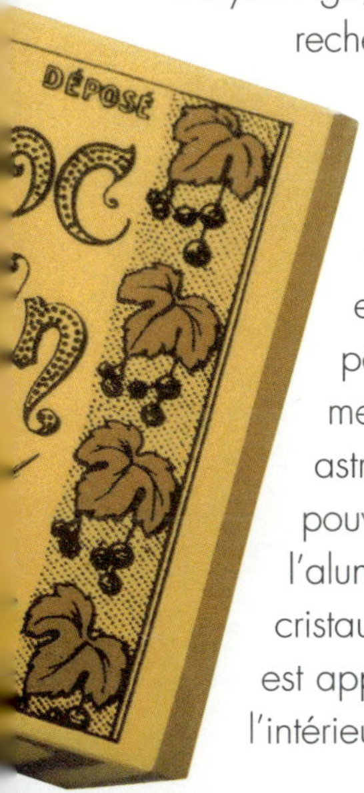

Féli

cité

Féli

S'il semble toujours difficile, malgré les patients efforts des philosophes, de donner une définition universelle du bonheur, tant chacun cherche pour lui-même ce qui le rendrait plus heureux, du moins sait-on par expérience ce qu'il n'est pas pour soi… Et à vrai dire, quand les ascètes et autres sages paraissent atteindre le septième ciel en se satisfaisant de peu, en jugulant leurs désirs et leurs passions, le commun des mortels tente plutôt d'avoir un peu plus qu'il ne faut.

Bonheur suprême, c'est ce que promet le mot félicité. Et plus encore, pour ne rien oublier de ce que l'on se souhaite d'heureux ni ceux que l'on a sollicités, le ciel ou ses anges gardiens, une fois les vœux réalisés… Bonne année, bonne santé, bonne chance, bonnes vacances, bon voyage ! Tout le bonheur possible se trouve contenu dans une simple formule, une sorte de feu d'artifice des mots prononcés en leur conférant une assurance magique de longue durée. Et deux précautions valant mieux qu'une, en Chine on joint le geste à la parole en traçant le caractère « bonheur » sur les portes, les murs ou sur du papier. Ainsi concrétisé de mille façons, comment rechignerait-il à exister ?

Formules, couleurs, formes, matières, chiffres, astres, tout est requis, car il suffit de peu de chose pour voir la vie en rose.

MUGUET

Une légende grecque raconte qu'Apollon aurait créé le muguet afin que les Muses qui l'accompagnaient puissent marcher sur ce délicat tapis de verdure sans se meurtrir les pieds. On l'appelait alors le « gazon du Parnasse » ; d'autres préfèrent le nommer le « lis des vallées ». On dit encore qu'au paradis, chaque fois qu'une bonne âme franchit la porte, on entend le tintinnabulement des clochettes de muguet. Bref, il y a du merveilleux dans l'air et c'est sûrement entre autres grâce à son parfum entêtant. Son nom viendrait du vieux français *mugue*, qui signifie « musc ». Originaire d'Asie, le muguet a toujours symbolisé le renouveau du printemps. C'est au XVIe siècle que le roi de France Charles IX l'institua comme porte-bonheur à offrir, semble-t-il déjà, à la date du 1er mai. Pour l'anecdote, le couturier Christian Dior en faufilait toujours un brin dans l'une des robes de ses défilés.

Impatiemment. Lundi
mille baisers
Ernest

HOUX

Avec ses petites boules rouges, qu'ils savaient parfaitement conserver, les Indiens d'Amérique du Nord fabriquaient des perles à mettre dans les cheveux, ou bien s'en servaient comme monnaie d'échange. Les femmes indiennes ont aussi brodé pendant longtemps des rameaux de houx sur les vêtements, car ils étaient synonymes de chance. On en plantait près des habitations pour éloigner la foudre. Dans le langage végétal, le houx, pour la rigidité de son bois, est associé à la résistance, pour ses épines à la férocité, et pour sa persistance au courage face à l'ennemi. Les époux romains recevaient pour leur mariage des couronnes de houx comme gage de félicité. Plus tard, en Europe, le houx continua de garder la réputation, grâce à ses piquants, de repousse-démon. Il n'est donc pas étonnant que le terme anglais pour le désigner, *holly*, soit si proche d'un autre *holy*, qui, lui, signifie « saint », « béni » ou « sacré ».

GUI

Pour qu'elle pousse ainsi en l'air dans le creux des troncs, il fallait bien que cette plante soit habitée par les esprits. Surtout si on la trouvait sur un chêne plutôt que sur un pommier ou un peuplier, car c'était plutôt rare de voir pousser du gui sur cet arbre. Les druides l'avaient bien compris. La coupe du gui lors de la sixième lune après le solstice d'hiver était entourée de tout un rituel : une serpette en or, un linge blanc, des taureaux blancs prêts à être sacrifiés. À travers cette plante atypique, c'était un peu de la force de l'arbre lui-même que l'on prélevait ainsi. Les prêtres pensaient que l'âme du chêne, qu'ils vénéraient, se réfugiait momentanément dans la boule de gui. Chacun en accrochait ensuite une petite branche autour de son cou ou sur les maisons comme porte-bonheur. Aujourd'hui, la coutume qui consiste à s'embrasser sous le gui est une survivance de ces anciennes traditions.

PLANTES SACRÉES.
Véritable Extrait de viande Liebig.

CHAUVE-SOURIS

Il existe cinq grands bonheurs chez les Chinois : la Richesse, la Vertu, la Santé, la Longévité et la Mort naturelle. Pour les représenter, l'art décoratif a choisi la chauve-souris comme emblème à cause de son homophonie avec les mots « partout » et « abondance ». Bien loin de la conception négative occidentale, l'animal fut aussi mis à l'honneur par les moines taoïstes. Ils retrouvaient dans sa position au repos, tête en bas, un de leurs exercices de méditation favoris pour ragaillardir le cerveau. En Afrique, on pare également la chauve-souris de certaines vertus bénéfiques. Les Peuls soulignent que sa vision nocturne est un symbole de clairvoyance.

RAMONEUR

Il fut un temps où la Savoie ne faisait pas partie du royaume de France et où, pendant la saison d'hiver, ses habitants partaient travailler à l'étranger, car il était impossible d'y avoir une quelconque activité agricole. Recrutés dans les grandes villes par de riches industriels, des enfants très jeunes quittaient leurs montagnes et se rendaient à pied de village en village, échangeant leurs services contre une bouchée de pain. Au XIXe siècle, des associations philanthropiques commencèrent à dénoncer cette exploitation et le travail cessa pour les moins de douze ans. Bien que l'on se soit peu soucié de leur sort pendant longtemps, ces petits ramoneurs, considérés comme honnêtes et travailleurs, furent toujours appréciés. Ils évitaient l'un des pires fléaux dans les villes : les incendies. C'est à ce titre qu'on les choisit comme porte-bonheur, notamment sous forme de figurines ou de cartes postales à offrir.

45-4
39-5
36+4
21:7
9×5
2×10
50-4
3-2
13×2
3×13

FER À CHEVAL

Mais pourquoi donc le fer à cheval est-il censé porter chance à celui qui en possède un ?

Les croyances et les superstitions vont bon train. On parle de sa forme, de sa matière ou de son rôle protecteur auprès de l'animal, grâce à saint Éloi, patron du maréchal-ferrant. Mais attention de bien placer le fer d'un côté, et pas de l'autre, avec ou sans les clous, branches en l'air ou branches en bas, à l'intérieur ou à l'extérieur de la maison. Et puis chacun s'en sert à sa façon pour éloigner au choix foudre, cauchemar ou amant caché dans le placard, dont on voudrait bien se débarrasser. Bref, le fer à cheval vaut pour tout comme pour rien, protection, bonne fortune et félicité. Il y a une explication plus prosaïque à tant de pouvoirs magiques : autrefois, dans les campagnes, celui qui trouvait par hasard un fer à cheval pouvait aller le porter chez le forgeron moyennant quelques sous ! De la chance à revendre finalement !

NASSES

Les Laotiens ont réuni au sein d'un même porte-bonheur ce qui représente pour eux en miniature un condensé de leur existence : des nasses de pêche, un panier pour cuire du riz à la vapeur et un orgue de bouche pour faire la fête. On aime se souhaiter bonheur, santé et force, et ce talisman s'accroche dans la maison ou au rétroviseur des voitures. D'autres cultures confectionnent elles aussi des filets ou des nasses miniatures pour capturer le bonheur et le garder le plus longtemps possible. Des peuples de pêcheurs bien sûr, comme au Laos, où il ne faut pas oublier l'influence mythique du large fleuve Mékong qui sépare le pays de la Birmanie. Les rouleaux protecteurs d'Éthiopie, puissants talismans fabriqués à la taille de celui qui en avait besoin avec leurs entrelacs dessinés sur le parchemin aussi serrés que les mailles d'un filet, étaient destinés, quant à eux, à piéger la maladie et les mauvais esprits.

COCCI

NELLE

Le rouge est une bonne couleur. Des Tziganes aux Ostiaks, des Jivaros aux Chinois, nombreuses sont les cultures qui ont vu en elle des vertus protectrices. Symbole de vitalité, la couleur du sang attire le regard, d'autant plus lorsque l'on est une minuscule créature du peuple de l'herbe.

Des points, des ronds ou des cercles si l'on se met à l'échelle de l'insecte, ces formes parfaites

représenteraient l'harmonie de l'univers, entre le ciel et la terre. À cause de tous ces signes bienheureux, et de son penchant à engloutir les nuisibles pucerons, faisant ainsi la joie des jardiniers, la coccinelle, du latin *coccinus*, « écarlate », a hérité du surnom de « bête à bon Dieu ». Messagère de l'amour et du bonheur dans certaines régions françaises avant la Première Guerre mondiale, elle était très en vogue montée en bijoux ou décorant les cartes postales.

Am

OuLR

Am

Saint Valentin, au Moyen Âge, n'imaginait sans doute pas qu'il connaîtrait plus tard un tel succès, ni que le 14 février deviendrait une fête des amoureux aujourd'hui incontournable jusqu'en Asie. Et le voilà désormais célébré à grands renforts de cœurs qui se déclinent du rouge violent au rose tendre dans toutes les matières possibles et imaginables. Cupidon, en d'autres temps, avait su de sa flèche éveiller lui aussi troubles et sentiments jusqu'aux excès de passions inassouvies. Embrasements éphémères ou nœuds de l'amour pour toujours, comment le mettre en cage lorsqu'il est volage ou le prendre à son insu dans ses filets ? On chantait autrefois les bienfaits du joli mois de mai propice aux choses de l'amour quand les oiseaux s'égayent. Aux roucoulades de deux tourtereaux, certains à l'autre bout du monde préféreront parler mariage et confier à deux pies ou à un couple de canards mandarins promesse de bonheur conjugal et de fidélité. Mais comme il n'est pas si facile de rencontrer l'âme sœur, les philtres d'amour, les divinations et rituels magiques ont souvent servi à trouver maris ou femmes. Les fleurs se sont aussi prêtées au jeu de l'amour et du hasard : cueillir une herbe de mandragore à la pleine lune, effeuiller les marguerites, compter le nombre de piquants du houx et disperser au vent les graines des pissenlits ont fait battre bien des cœurs. Au Maghreb, dans la magie amoureuse, chaque femme a sa recette et, pour peu que l'on respecte le chiffre sept dans le choix des plantes dites masculines, le charme opérera. Comme quoi, en amour, la fin peut parfois justifier les moyens !

AMANDE

Dans l'Antiquité grecque, on pensait que l'amande pressée, qui ressemblait à la semence de Zeus, donnait sa puissance magique à la floraison. Mais on raconte aussi sur l'amande une histoire d'amour plus triste. Démophon devait épouser la belle Phyllis. Ils s'aimaient. Hélas, le père de Démophon mourut avant que le mariage ne soit célébré. Ce dernier partit à Athènes pour les funérailles, mais l'affaire prit plus de temps que prévu. Démophon tarda à rentrer et ne donna plus de nouvelles. Phyllis se crut oubliée et se pendit. Démophon enfin de retour ne put que constater sa disparition et pleura au pied d'un arbre. L'arbre se couvrit alors de fleurs roses et parfumées. C'était un signe de Phyllis. Les dieux touchés par l'amour transi de la jeune fille l'avaient transformée en amandier pour qu'elle puisse continuer à vivre. Depuis lors, dans le bassin méditerranéen, on dit que l'amande est le fruit de l'amour. Boisson, lait, gâteau, tout est bon pour les choses du cœur. Autrefois, les gens de Marseille choyaient particulièrement leurs champs : ils gardaient la fine enveloppe brune des amandes qu'ils mangeaient à Noël pour les en parsemer. On pouvait peut-être y voir un geste d'amour des paysans envers leur terre ?

PHILTRE

Amour toujours… Chaque culture possède une épice ou un condiment préféré,

dont les vertus aphrodisiaques sont mises en avant. Si le sucré, comme le miel et le chocolat, semble avoir les faveurs du cœur, le piment et le gingembre sont aussi très prisés. Mais pourquoi pas aussi un peu d'essence de basilic dans une potion, comme on le croyait autrefois en Provence ou au Portugal, voire de la moutarde, du « mout ardent », dans certaines provinces de France ? Brillat-Savarin, célèbre cuisinier du XIXe siècle, préconisait la truffe pour rendre les hommes et les femmes « aimables ». Les légendes de philtres d'amour, depuis Tristan et Iseult, ont traversé le Moyen Âge, période pendant laquelle ils étaient l'apanage des sorcières, qui mélangeaient dans leurs breuvages, paraît-il, végétaux, métal, batraciens et hosties consacrées…

PERFUME
TALISMA
DO AMOR

Comptoirs Spirituels
ENCENS PUR
CHANCE
Pour forcer, attirer, provoquer, retrouver la chance dans tout domaine.
Mode d'emploi Allumez un charbon, attendre qu'il devienne incandescent, puis versez l'encens Lire le Psaume 19 et se parfumer avec le parfum n°121
Comptoirs Spirituels
ENCENS PUR
CHANCE
Pour forcer, attirer, provoquer, retrouver la chance dans tout domaine.
Mode d'emploi Allumez un charbon, attendre qu'il devienne incandescent, puis versez l'encens Lire le Psaume 19 et se parfumer avec le parfum n°121
ENCENS PUR
SANTE
Comptoirs Spirituels
ENCENS PUR
SANTE
Aide à surmonter la maladie, pour conserver une bonne santé. Protège la famille.
Mode d'emploi Allumez un charbon, attendre qu'il devienne incandescent, puis versez l'encens. Allumez une bougie verte et récitez la prière Ste Catherine (p 40) Clé des Sts, la neuvaine St François et le Psaume 104.

ENCENS

Dans la religion vaudoue, on peut consulter les houngans ou les mambos (prêtres ou prêtresses) pour ses problèmes sentimentaux. Intermédiaires entre les esprits et les hommes, ceux-ci tentent de rétablir l'unité cosmique, car il existe toujours le pendant d'une action, qu'elle soit bonne ou mauvaise, dans le monde divin. Un prêté pour un rendu, maîtresse Erzulie, déesse de l'amour et de la sexualité, est celle dont on essaie de se concilier les grâces dans ces cas-là. L'encens aidant à faire monter les prières vers les dieux, les houngans et les mambos utilisent celui qu'ils appellent « dragon » pour le retour de l'affection. En Amérique du Sud, le sang, la sève, le sperme, la pluie, comme la fumée de l'encens et le nuage qu'elle produit symbolisent chacun l'esprit céleste. Les fumigations sont propres à de nombreuses religions et ont ainsi acquis un caractère rituel sacré. Quoi de mieux que de demander aux dieux un peu d'aide dans les affaires de cœur ?

NOIX DE

Même si la noix de kola a, dit-on en Afrique, une saveur aussi amère que la vie, elle est autant mâchée par les hommes que par les femmes.

Par ses vertus toniques et excitantes pour peu qu'on la mêle à une poudre de gingembre, elle est souvent liée au destin. Traditionnellement, chez les Kpélés, on enterrait le cordon ombilical d'un nouveau-né avec une noix de kola pour qu'elle pousse et grandisse avec lui. Certains guérisseurs africains l'utilisent dans leurs pratiques de divination. Ils jettent des quartiers de noix de kola sur le sol et, selon leur disposition, lisent ce qu'ils révèlent. Les noix de kola sont alors signe de clairvoyance, que l'on soit amoureux ou non.

KOLA

Sugar
for my
Honey

CŒUR

On pensait autrefois que le cœur était le lieu des sentiments. L'amant offrait à sa dame un anneau en gage d'amour et de fidélité, qu'elle glissait au doigt de sa main gauche, relié, croyait-on, par une veine au cœur. Le cœur rouge de toute taille est désormais associé à la Saint-Valentin, patron des amoureux dont on ne connaît pas très bien l'origine, si ce n'est ce calembour à propos de « galantin », « galant » ou du mot « galer » en ancien français, qui par usage signifiait : s'amuser, danser, faire la noce. Au XVe siècle, saint Valentin était déjà le patron des fiancés et, selon le dicton, ce jour-là « tout Valentin trouvera sa Valentine ». Sous les climats tempérés, on lui a destiné le 14 février, date à laquelle on croyait que les oiseaux se mettaient en couple pour nidifier. Pourtant, porter autour du cou un bijou en forme de cœur, métaphore de la vie affective, n'est pas si anodin que cela. On espère ainsi plus ou moins consciemment placer son amour sous la meilleure protection. De telles amulettes existaient sur les défunts égyptiens, car cet organe vital du corps humain représentait le siège de l'âme. Lourd ou léger, arrivé au jugement dernier, chacun voyait son cœur pesé. Le poids des péchés pouvait alors empêcher d'accéder à la vie éternelle. Dans le vaudou, des vévés en forme de cœur, c'est-à-dire des signes à l'attention des dieux, sont dessinés par les prêtres pour que ceux-ci puissent influencer positivement les histoires sentimentales des hommes.

IMAGE

Dans la mythologie chinoise, la fille de l'Empereur de Jade est transformée en étoile pour s'être unie secrètement à un simple mortel, un bouvier. Cette histoire, celle de la Tisserande et du Bouvier, tout le monde la connaît, car ces héros sont les emblèmes mêmes de l'amour. Le septième jour du septième mois lunaire, on célèbre la fête de Qixi en leur honneur, seul moment où, selon la légende, ils sont encore autorisés à se retrouver. Sur les marchés, on peut acheter des gâteaux spéciaux faits de farine, de sucre et de miel frits. Celui qui s'en procure une livre peut se voir offrir deux petites figurines, appelées « généraux des gâteaux ». Un témoignage de cette journée dédiée à l'amour est toujours bon à prendre. En Occident, on a souvent préféré porter l'image de son cher et tendre sur son cœur, dans un petit médaillon ou encore à l'intérieur des montres lorsqu'elles étaient encore à gousset. D'ailleurs, on ne confie pas sa photographie à n'importe qui. La superstition a souvent laissé penser qu'une partie de l'âme y était réfugiée.

CITRON

En Orient, le citron était un sujet d'étude tellement sérieux qu'un savant prit le temps, au XIIe siècle, de consigner scrupuleusement toutes ses propriétés médicinales. Le *Traité du citron* valut à son auteur, Ibn Jamiya, de devenir le médecin personnel du sultan d'Égypte et de Syrie. Ce sont souvent ses qualités purificatrices qui sont mises en avant. Et comme ce qui peut servir à nettoyer les corps doit aussi aider à clarifier l'esprit, le citron entre souvent dans la composition de potions magiques. En Asie du Sud-Est, il est aussi associé à l'amour, car on pense qu'il possède des propriétés aphrodisiaques. Autrefois, en Inde, un homme qui voulait ne pas être éconduit faisait germer les pépins de citrons qu'il avait mangés. Il devait ensuite offrir l'arbre qui avait ainsi poussé à l'objet de son désir. C'était alors le coup de foudre assuré, disait-on, pour l'apprenti jardinier !

Fécon

alité

Fécon

140 141

Toutes les cultures ancestrales ont vénéré la déesse mère, celle, nourricière, qui fait éclore, croître et se multiplier ce qu'elle touche. Symbole de fécondité et d'abondance, elle était célébrée selon les rythmes lunaires et associée à la pluie indispensable aux bonnes récoltes. Elle est représentée comme une femme enceinte, et l'eau jaillissant de son sein est semblable au lait qui coule de celui d'une mère. Voilà pourquoi la terre sur laquelle ruisselle le lait est promesse d'abondance. Comme la succession des générations est inscrite dans le corps maternel, la fécondité des femmes a été pour toutes les sociétés entourée de rites et de pratiques magiques. Autrefois, en Mongolie, les enfants étant signes de bonheur et de fierté, un chiffon rouge était accroché à l'entrée de la gher d'une nouvelle accouchée. Les jeunes femmes qui n'avaient pas encore eu d'enfant s'y précipitaient, car la fécondité était réputée contagieuse. En Tunisie, la vaisselle offerte à la mariée était décorée d'un petit poisson : prolifique à cause du nombre de ses œufs, il était un bon présage pour l'avenir. C'est dire, des récoltes à la naissance, tous les enjeux sociaux liés à la fécondité. Les femmes et le seuil des maisons, symboliquement comparées au corps féminin, étaient souvent protégés par des objets qui repoussaient la stérilité. En Afrique, l'enfant a longtemps été perçu non seulement comme une aide précieuse, un soutien pour la vieillesse, mais aussi comme celui qui pourrait accomplir les rites de funérailles permettant aux morts de devenir à leur tour des ancêtres vénérés. Si la nouvelle famille savait respecter les valeurs traditionnelles, celles des ancêtres, alors elle serait féconde et donc prospère.

BLÉ

Chaque culture a sa nourriture de prédilection. En Europe, les convives lançaient du blé sur les mariés bien avant qu'on ne leur jette du riz. Cette aspersion de graines, symboles de vie, était une promesse d'abondance et de fécondité. Dans les croyances religieuses ou populaires, les deux notions se mélangeant sans cesse, le pain, fabriqué à partir de cette céréale, devait être traité avec respect. Poser du pain à l'envers était, croyait-on, une façon de s'attirer les foudres célestes. Mieux valait aussi faire une croix sur la miche que l'on souhaitait entamer pour que Dieu n'oublie pas de fournir le pain quotidien et donc d'assurer de bonnes récoltes. Il ne fallait pas offrir le croûton à ses invités au cas où le diable s'y serait recroquevillé. Du côté des anges, Gabriel aurait révélé à Muhammad qu'il était préférable qu'il mange un plat de couscous avant d'aller s'unir à une femme.

Comptoirs Spirituels
MANDRAGORE
PMAND

MANDRAGORE

L'imaginaire a donné à la mandragore, cette plante du bassin méditerranéen aux feuilles rouges, blanches et bleues, une réputation sulfureuse. Elle est interdite à la vente en France depuis au moins soixante ans. Sa forme et sa toxicité y sont certainement pour quelque chose, car c'est un puissant narcotique. On disait que le rhizome de la mandragore femelle avait une forme humaine, mais en réalité certains petits malins le faisaient croire pour échauffer les esprits. Au Moyen Âge, les croyances populaires prétendaient que la mandragore naissait du sperme d'un pendu, elle était très recherchée comme aphrodisiaque et utilisée dans les cérémonies secrètes de magie noire. Difficile de lui trouver alors une connotation positive. D'autres la nomment pourtant « la main de la gloire », car elle aurait le pouvoir de doubler les richesses.

COCHON

Tout est bon dans le cochon.

Il ne pouvait arriver malheur à celui qui en possédait un. Aujourd'hui, il ne reste que quelques tirelires pour rappeler cette croyance rurale occidentale. Si le cochon, le porc ou la truie furent célèbres pendant l'Antiquité grâce à leur queue en tire-bouchon – en spirale plutôt, symbole de fécondité –, dans la Bible cet animal est considéré comme le plus raté de la Création. Une réputation que le prophète Muhammad prolongera en le décrivant lui aussi comme « immonde ». Il n'y a que les Chinois pour l'avoir toujours apprécié, et porté comme amulette, car il est un signe bienheureux dans l'astrologie chinoise. La consonance du mot *tchou* (« cochon ») a la réputation, dit-on, d'éloigner les mauvais esprits.

BOUCLES D'OREILLES

Les premiers bijoux que les hommes se mirent à porter, fussent-ils simplement un collier de graines ou un pendentif en dent de loup, servaient d'amulettes. Ils protégeaient le corps tout entier. Se percer le nez, les oreilles, orner sa bouche étaient des moyens plus particuliers de défendre ses orifices des esprits, des démons ou des mauvais génies, toujours prêts à s'emparer de l'âme des mortels. En Provence, lorsque les femmes étaient stériles, elles rendaient un culte particulier aux saints. Marie était vénérée entre toutes. Elles lui apportaient des boucles d'oreilles ou des bagues de mariage comme offrandes. Quant aux femmes juives du Maghreb, on retrouvait le plus souvent le motif du poisson, symbole de la procréation, sur leurs boucles d'oreilles.

CHOU

Caton le Censeur (234-149 av. J.-C.) préconise, avant chaque banquet, pour manger et boire abondamment, d'avaler des choux confits dans le vinaigre. Quant aux « petits bouts de chou », nom affectueux donné aux enfants, faut-il y voir une résurgence d'une pratique ancienne, décrite par George Sand dans *La Mare au diable* et reprise par le folkloriste Arnold Van Gennep ? « La plantation du chou » devait assurer fécondité aux nouveaux mariés. « En cortège, on allait choisir le plus beau chou d'un champ, on le déterrait avec toutes sortes de ruses et d'efforts simulés ; seul le marié en venait à bout ; ensuite on le plaçait à grand renfort de cris sur un char. » Plutôt qu'à un chou, on attribue en Chine des pouvoirs d'abondance à la laitue. En manger aiderait à la prospérité de la famille, surtout si on la consomme aux fêtes du nouvel an.

CHIEN

Pendant les mois chauds d'été, on peut observer l'étoile Sirius qui se lève et se couche en même temps que le soleil. Les Anciens l'appelaient *canicula*, ce qui signifie « petite chienne ». Elle faisait partie de la constellation du « Grand Chien » et annonçait l'époque de la sécheresse. Ainsi, la population remettait sa protection au bon vouloir de l'animal céleste. En Chine, on n'aime pas le Chien céleste. Il a la réputation de faire mourir les enfants en bas âge, surtout si leur année de naissance est celle du chien. Pour éloigner son influence néfaste, les parents confectionnent des amulettes mêlant poil de chien et cheveux de bébé qu'ils cousent à l'intérieur des vêtements. En Chine, comme en Corée et au Japon, il existe aussi le mythique chien-lion, gardien des temples, des sanctuaires ou de la loi bouddhique. On l'appelle le « chien de Fo » (abréviation de *Fo To*, qui signifie « le Bouddha »). Il est souvent représenté par paire et assis sur le monde qu'il protège de ses pattes.

COQUIL-LAGE

On dit qu'Aphrodite, déesse grecque de la beauté et de l'amour née de l'écume des vagues, fut recueillie par Zéphyr, un des quatre vents, dans une conque de nacre. Est-ce pour cela que la conque marine fut associée au couple symbolique de l'eau et de la lune mais aussi à la femme et à la fécondité ? En Afrique, les cauris ont cette même signification. Ces petits coquillages originaires des îles Maldives furent apportés par les Arabes. Parce qu'ils ressemblent à un sexe féminin, ils furent utilisés lors des rites de fécondité. Objets magiques, ils se portent aussi en colliers, en bracelets ou cousus sur les vêtements traditionnels comme talismans. Aujourd'hui encore, ils servent à la divination. Porteurs de bonnes ou de mauvaises nouvelles selon que l'on recherche amour, argent, réussite sociale, guérison…, les devins font parler les cauris, souvent au nombre de quatre ou de douze, en les jetant plusieurs fois, un peu comme des dés. Au Brésil, les coquillages ou leur forme proche, les grains de café, ont aussi leur mot à dire. Tous les coquillages ayant deux faces, l'une fermée et ronde, l'autre ouverte, creuse et fendue, l'interprétation de l'avenir se fait selon l'une ou l'autre des faces visibles. Ce n'est donc pas la mer que l'on entend au fond des coquillages mais peut-être la voix du destin…

Pros

péri·té

Pros

162 163

périté

Si afficher sa réussite de manière ostentatoire est du plus mauvais goût en Europe, dans bien des cultures le succès dans les affaires est de bon aloi et assure prestige et position sociale enviée tout autant qu'heureuse. Ceux qui se permettraient d'assurer que l'argent ne fait pas le bonheur seraient certainement regardés de travers, car après tout, plus haute est la promotion meilleur est le salaire. Prenant le traditionnel « Aide-toi et le ciel t'aidera » à la lettre, certains n'hésitent pas à recourir aux divinités, anges et autres esprits bénéfiques, sérieuses garanties d'amasser des trésors sur la terre plutôt qu'au ciel. Et ils leur mijotent des petits plats ou leur offrent quelques friandises afin qu'ils aient la main généreuse. Une façon de rejoindre cette pratique autrefois coutumière consiste à « graisser la patte » de celui dont on attendait quelques avantages pour sa fortune personnelle. Mais qui ne voudrait pas voir son pécule, son commerce ou sa petite entreprise prospérer et sa carrière professionnelle avancer ? Qui ne rêve pas, en lorgnant sur le montant de la cagnotte du Loto, d'avoir enfin le respect et les honneurs de son banquier ? Il vaudrait mieux, selon les croyances populaires, rêver de diamants, ce serait présage d'importantes rentrées d'argent. Bon jour, bon chiffre, bon rêve, quelles que soient ses chances de prospérité, on peut toujours se consoler avec un dernier proverbe : « Bien mal acquis ne profite jamais ! »

DRAGON

Dans l'imaginaire médiéval occidental, le dragon, le plus gros de tous les serpents, peut tuer sans problème un éléphant. Comment l'associer alors à la prospérité et autres bienfaits surtout s'il dégage aussi une odeur de fournaise ? Mieux vaut préférer un dragon moins redoutable, semble-t-il, du côté de l'Asie. Les dragons fleuris à queue de pivoine et ailes de feuilles des broderies miao sont apparemment plus sympathiques. En Chine, symbole bénéfique, le dragon est maître des eaux et des pluies nécessaires à la terre pour de bonnes récoltes, mais responsable aussi de la sécheresse et des inondations. Autrefois, les paysans fabriquaient des petits dragons de terre cuite qu'ils plaçaient selon des orientations bien précises pour attirer le dragon qui, chevauchant les nuages, faisait tomber la pluie. La fameuse danse du dragon marquant la fin du nouvel an chinois était à l'origine une fête d'invocation à la pluie. Mais, désormais, que ce dragon de toile porté par les danseurs passe dans une maison ou un commerce, bonheur, prospérité et chance sont assurés pour l'année à venir ! Pour les cadeaux de mariage, les objets où ils sont représentés ensemble sont les bienvenus. On peut aussi espérer une réussite dans les affaires et sur le plan personnel au cours des années placées sous le signe du dragon, cinquième des douze animaux de l'horoscope chinois.

CRAPAUD

Au Moyen Âge, en Europe, il n'y a rien de pire que la bave de crapaud, ingrédient préféré des sorcières, même si dans le sud de la France les parents fabriquent quelques colliers avec ses pattes séchées pour faire passer les maux de dents de leurs enfants. En Asie, au Vietnam surtout, où l'on dit qu'il est le dieu de la pluie, ce batracien est un symbole de prospérité. On le représente en statuette avec trois pattes pour signifier que la chance peut arriver du ciel, de la terre et de l'humanité. Selon des règles ancestrales, quand on a besoin que l'argent arrive, on place le crapaud à l'entrée de sa maison. Lorsque l'argent est là, on lui pose une pièce dans la bouche et on le retourne vers l'intérieur pour que la fortune reste. Mais attention, laisser son crapaud trop longtemps pour vouloir plus d'argent est la pire des choses à faire, car la maisonnée pourrait être frappée d'impécuniosité. Prospérité ne rime pas avec cupidité.

Renecontre avec
partenaire ava
cette

GÂTEAU

J'ai mangé
Trop de kakis
Ah, malade !

Ce haïku de Shiki Masaoka (1867-1902) est trompeur, car le sucré n'est pas une saveur particulièrement appréciée au Japon. On le réserve pour les jours de fête. Le gâteau le plus célèbre est celui du nouvel an, le *mochi*, un gâteau de riz pilé fourré d'une pâte de haricots rouges. Il est très élastique et doit, au risque de s'étrangler, être mangé prudemment. Cette mastication très lente ressemble à ce que l'on se souhaite au début de l'année : une longue vie, prospère et bien remplie. Les Chinois méditent même à travers leurs gâteaux : dans les *fortune cookies*, une fabrication des chinois émigrés aux États-Unis, on peut tomber en croquant sur un bout de papier comportant une devise du sage et vénérable Confucius.

12 Biscuits porte bonheur en sachet individuel
ortune
cookies
scuits porte-bonheur
c un message à l'intérieur
Amour

DIEUX DE

Dès leur plus jeune âge, les enfants japonais apprennent qui sont les sept dieux de la bonne fortune en les croquant sous forme de bonbons ou bien en s'amusant avec des figurines à leur effigie. Ces personnages mythiques représentent les caractéristiques liées à la vie humaine. Leur navire, dit « de trésors », qui les réunit tous ensemble, arrive la veille de chaque nouvelle année. Il y a Bishamonten, dieu de la guerre ; Fukurokuju, dieu de la longévité ; Hotei, dieu du bonheur ; Kichijoten, déesse de la félicité ; Ebisu, dieu des marchands ; Daikoku, dieu de la richesse, et Benzaiten, déesse de l'art, de la littérature, de la musique et de l'éloquence. Depuis le XVIIe siècle, ces divinités d'inspiration tant bouddhiste, taoïste, shintoïste qu'hindouiste ont toujours été vénérées dans les maisons, dont elles assuraient la protection en apportant prospérité et chance. Le dieu de la richesse et le dieu des marchands avaient une place de choix au-dessus des fourneaux sur un petit autel. On leur offrait du riz, des kakis, des mandarines et du saké afin de se concilier leurs faveurs.

LA BONNE FORTUNE

ANGE

Il se passe dans le ciel des choses insoupçonnées.

Combien ? Où ? Personne ne le sait. Ils seraient mille fois mille ou dix mille fois mille, d'après la Bible, une armée d'anges avec ses codes, ses lois et ses tâches particulières, qui veillerait auprès de Dieu. Des chérubins, des séraphins, des archanges, parfois très célèbres, comme Gabriel, le messager et l'initiateur. Il ne faudrait pas non plus oublier Michel, le triomphateur des dragons, et Raphaël, le guide des médecins et des voyageurs. Ce dernier serait le meilleur représentant de la prospérité. Dans la Bible, il rendrait la vue à Tobie tout en lui apportant un sac d'argent. Les légendes racontent encore que les anges seraient peut-être assignés chacun à une étoile au bon mouvement de laquelle ils devraient veiller. Il y a aussi les anges gardiens ou génies personnels, qui selon les époques dictent les bonnes ou les mauvaises actions. Socrate était, paraît-il, très attentif au sien, qui l'aidait dans ses décisions. En Perse, un *hemzâd* naissait ainsi avec chaque homme et l'accompagnait tout au long de sa vie. C'est à l'époque baroque que l'on vit se dessiner et se sculpter les angelots avec leurs figures d'enfants joufflus. D'ailleurs, pourquoi les anges ont-ils des ailes ? Pour les distinguer des humains et pour ne pas oublier que ce sont des êtres divins, messagers des dieux depuis l'aube des temps.

POMPON

« C'est le pompon ! » dit l'expression populaire française pour un événement plus que surprenant. Faut-il y voir une résurgence de cette mystérieuse coutume qui consistait à toucher le pompon d'un marin pour se porter chance ? À l'origine en laine, puis en drap dès les années 1830, le bonnet était le chapeau qui répondait le mieux aux besoins d marin, le protégeant du vent et du froid. Il prit sa forme actuel dans le courant du XIXe siècle avec l'apparition de la houppette garance et bleu – 112 brins, dit l'ordonnance officielle –, puis en 1914 celle du pompon rouge. Pourquoi a-t-on cru bon d'ajouter ce pompon sur le couvre-chef des marins ? Il est difficile de le savoir. Certains imaginent que la touffe de laine pouvait servir à encaisser les chocs dus aux mouvements du bateau, d'autres encore voient dans le rouge la couleur du minium, peinture antirouille, fréquemment utilisée dans l'entretien de la coque. Quant à la croyance au pompon porte-bonheur, il était épisodique de voir des marins à terre, c'est certainement cette rareté qui en a fait sa réputation. Pour l'amour aussi, le pompon était visiblement de bon aloi, prestige de l'uniforme oblige. Aujourd'hui, les enfants dans les manèges tentent toujours de « décrocher le pompon » contre un ours en peluche ou une poignée de bonbons.

13

13

Dans toutes les cultures, les nombres et les chiffres président au destin des hommes, depuis les dates fixées par les calendriers, jusqu'au nombre de prières ou d'incantations requis par les religions. Pour Pythagore, mathématicien et philosophe grec de l'Antiquité, les chiffres et les nombres sont dotés de pouvoirs et de forces. Ils représentent les lois à la fois physiques et morales réglant l'ordre de l'univers car le monde a été créé par « la division de l'unité divine en multiplicité ». Le 13, élément perturbateur, vient mettre l'impair dans la belle harmonie du 12 : douze heures du jour et de la nuit, douze mois de l'année, douze signes du zodiaque et, autrefois pour la Grèce ancienne, douze dieux de l'Olympe.

Associé au vendredi, jour supposé de la mort du Christ, le 13 est maléfique. Pas question d'être treize à table, car lors de son dernier repas le Christ était avec ses douze apôtres.

GESTES

Que de postures à éviter selon les cultures ! Si les superstitieux d'ici conseillent de ne pas passer sous une échelle, de ne pas renverser du sel sur la table, de ne pas croiser les verres lorsque l'on trinque ou de ne pas se regarder dans les yeux, ils peuvent par des gestes conjuratoires discrets combattre ce que les Romains appellent le *malocchio*, le mauvais œil. Les sportifs professionnels ont la réputation de pratiquer aussi des rituels de leur composition pour s'assurer une victoire. Remettre la même paire de chaussettes, faire trois fois le tour de sa voiture de course ou apporter une mascotte offerte par sa grand-mère, tout se trouve dans l'intention. Nombreux sont ceux qui disent que cela les aide à trouver la concentration. Sur les terrains de football, on aime plus particulièrement embrasser sa médaille. Qu'il s'adresse au Christ, à la Sainte Vierge ou à des représentations d'autres religions, ce geste est une manière d'implorer la protection, de marquer la force de l'union. En Asie, on aime caresser le ventre de Bouddha ou d'autres divinités, pour peu qu'elles soient en lien avec les aspirations des fidèles, afin de s'assurer la prospérité et la réalisation de bien d'autres souhaits bienheureux, de guérison, de réussite aux examens, de travail…

福

San

té

San

« Mieux vaut prévenir que guérir ! » Le vieil adage populaire a sans doute raison. Rien de tel que de rester en bonne santé. Mais comment faire si l'on ne sait pas d'où viennent les maladies ? Chaque culture a élaboré un système de représentations symboliques, religieuses et scientifiques sur ses origines qui met souvent en jeu des forces positives ou négatives, physiques ou spirituelles s'unissant ou se combattant pour altérer l'état de santé. Lorsque les microbes et les virus, mais aussi des esprits maléfiques et autres génies ancestraux, entrent dans le corps, ils doivent en être expulsés au plus vite avant qu'ils n'en prennent possession. La maladie est ressentie comme une présence indésirable, un ennemi qu'il faut évincer. Dans les sociétés traditionnelles, les formules magiques, les peintures corporelles, les fumigations, les décoctions, les pommades ou les aliments particuliers sont autant de moyens mis en œuvre pour restaurer l'équilibre et l'harmonie du corps et de l'esprit, sachant que le malade est un tout, partie intégrante du cosmos. C'est en cela que l'influence des astres, la position du soleil et de la lune avaient autrefois beaucoup d'importance dans la préparation de remèdes ancestraux. Contrecarrer la maladie et guérir sont des actes très complexes, rien dans la thérapie ne peut donc être laissé au hasard. Et même si aujourd'hui la médecine savante, qui possède des technologies d'investigation de plus en plus sophistiquées, est efficace, chacun a souvent ses recettes de grand-mère pour combattre les petits maux.

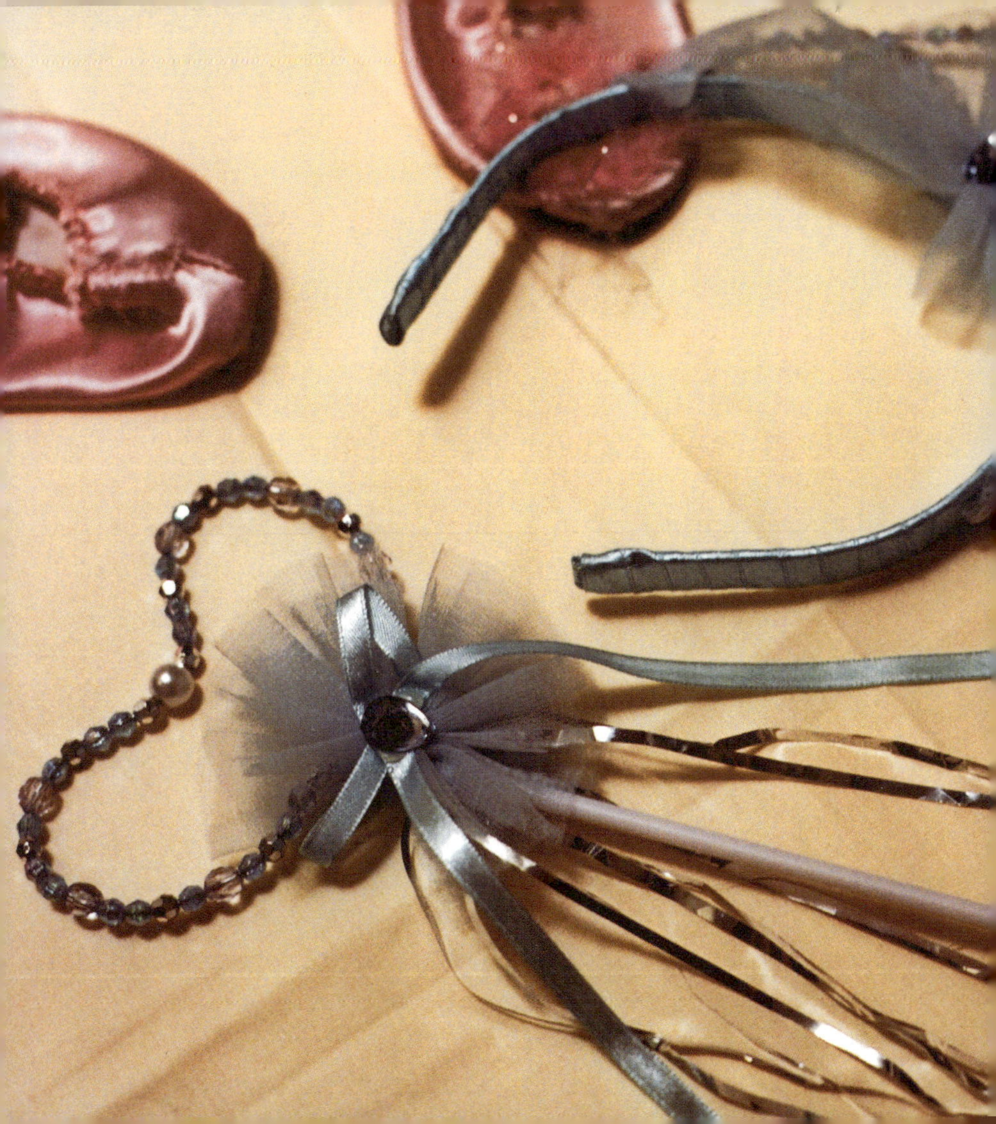

ABRACA-DABRA

Au Moyen Âge, le mauvais œil venu d'Orient a traversé les frontières ; on le retrouve aussi dans les superstitions françaises. Alors, pour s'en protéger, pourquoi ne pas adopter ce qui semble fonctionner chez les voisins d'à côté ? Et avant que l'imaginaire et le merveilleux ne s'en emparent, en cas de fièvre et de maladies, on répétait les mots hébreux *ab*, « père », *ruah*, « esprit », *dabar*, « parole », afin d'essayer de se soigner. Le mieux était tout de même de confectionner une petite amulette en forme de triangle, sur laquelle on inscrivait sur une peau de bouc ou un morceau de parchemin toutes les lettres de la formule et que l'on s'accrochait autour du cou. Le triangle était orienté pointe vers le bas. L'occultisme contemporain a repris à son compte ces pratiques en fabriquant des pentacles, sortes de médailles où sont inscrites différentes figures géométriques, déchiffrables uniquement par les initiés. Ainsi trouve-t-on le pentacle de Mars censé protéger la santé et rééquilibrer, dit-on, « les forces actives du corps humain ».

AIL

Depuis que l'ail aurait poussé dans l'empreinte des pas de Satan quittant le jardin d'Éden, cette plante serait dotée de nombreuses vertus curatives. On pensait certainement que l'on pouvait combattre le mal par le mal. Qu'elles soient autour du cou, des bras, ou accrochées à la porte des maisons, les hommes se sont parés de gousses d'ail pour éloigner mauvais œil et mauvais esprits et pour gagner en même temps en robustesse. L'histoire du Béarn a relevé qu'Henri IV aurait eu les lèvres frottées à l'ail lors de son baptême. C'était une manière de le défendre du mal et de lui garantir la force, qui ferait de lui un chef.

ARBRE À VŒUX

Depuis bien longtemps, les arbres sont l'objet de dévotions particulières. En Occident, où la montée de sève au printemps était un symbole de fertilité, les femmes stériles venaient se frotter le ventre contre le tronc d'un arbre reconnu pour ses pouvoirs magiques ou bien nouaient leurs foulards à ses premières branches. Les Yacoutes de Sibérie accrochent eux aussi des morceaux de tissu à l'arbre du chaman comme autant de vœux de protection, car quoi de mieux en effet pour appeler les esprits que le pied d'un arbre solidement planté ? L'arbre représente le point de rencontre entre la terre et le ciel, un axe qui canalise les forces du visible et de l'invisible. Au pied de l'arbre ainsi désigné comme le lieu de convocation des esprits, les Mongols font des libations de thé, de lait ou de vodka pour demander la guérison. Ils ornent aussi ses ramures de morceaux de tissus bleus qui flottent au vent comme autant de vœux de bonheur. Une coutume qui rappelle celle des « chevaux du vent » au Tibet. Ces petits fanions de couleur où sont imprimés des mantras et des signes astrologiques sont alignés sur des cordes tendues que l'on déploie tout au long des itinéraires de pèlerinage ou dans les lieux sacrés. Le vent se chargera de porter au loin tous leurs messages heureux.

ARGENT

L'association du métal et du feu a toujours conféré aux forgerons des pouvoirs particuliers. Ils sont souvent assimilés aux ancêtres fondateurs, comme en Afrique – nombre de mythologies font part de forges célestes – où ils vivaient dans une communauté à part, parfois aussi sorciers, devins ou guérisseurs. En Chine, on disait de cette connaissance qu'elle était liée au principe d'immortalité et la population vouait un grand respect à ceux qui la pratiquaient. La transformation des métaux et les possibilités d'alliage fascinaient. L'alchimie et bien des croyances associeront cuivre, fer, plomb, étain, etc., à des planètes ou signes zodiacaux, comme si chaque élément terrestre devait trouver son double céleste. Les Mexicains pensaient que l'argent était une excrétion du dieu de la Lune. Ce métal possède donc un statut particulier, et les cultures du monde semblent s'être accordées pour le joindre à cet astre. Les amulettes étaient souvent fabriquées en argent. En Chine, les fils aînés portaient jusqu'à la puberté un bracelet en argent dans lequel étaient placés des clous de cercueil. C'était un moyen d'éloigner les maladies et la mort. Au Kirghizstan, afin de calmer les épileptiques, le médecin fabriquait devant eux un cône d'argent qui les hypnotisait et finissait par les calmer.

HENNÉ
MASRIA RAPIDE
MASRIA®
AUBURN
ZARTRÖLICHEN SCHIMMER

HENNÉ

Si, comme le veut la légende, ce petit arbrisseau poussait au paradis bien avant qu'Adam ne l'emporte sur terre, comment le henné ne serait-il pas source de bienfaits ? Ses feuilles séchées réduites en poudre sont délayées dans de l'eau chaude avec un jus de citron et d'autres plantes aromatiques. Le secret de ce mélange qui intensifie sa couleur est souvent bien gardé. Au Maghreb et dans le monde arabe, où l'on utilise le henné en médecine traditionnelle, on dit qu'il a la baraka. Il assure tout à la fois protection, bénédiction et chance. Autrefois, les femmes marocaines enveloppaient leur nouveau-né de la tête aux pieds dans un cataplasme de henné pour éloigner le mauvais sort et attirer la protection divine. C'était aussi une bonne façon de protéger sa peau car on attribue au henné des propriétés antiseptiques et hémostatiques. Mais les motifs des tatouages appliqués sur les mains et les pieds des femmes sont aussi de véritables talismans. Un oiseau ou une branche de palmier stylisée attirent fécondité et naissance, un poisson abondance et sérénité.

BONNET D'ANIMAUX

On pourrait croire qu'un bonnet sur la tête sert tout bêtement à protéger du froid. Certes ! Mais il n'en est rien ! La tête étant autrefois considérée comme le chef du corps, la partie noble qui le gouverne, le couvre-chef peut être symbole de pouvoir, d'autorité, de corporation… Mais il sert aussi à protéger des mauvaises pensées et des esprits néfastes qui voudraient entrer dans le corps et provoquer toutes sortes de maladies. Autrefois, en Chine, les bonnets de bébé brodés ou en forme de tigre ou de dragon auxquels on accrochait des pendeloques d'argent n'avaient pas d'autre but : repousser les influences négatives et attirer les bénéfiques. À l'emblème de l'animal représenté étaient associées ses qualités de force, de courage et d'intelligence qui pouvaient par mimétisme se transmettre à l'enfant. Les mères inuit le savaient également : pour devenir un bon chasseur et connaître le langage de la nature, il fallait garnir le capuchon de son fils de fourrure de renne et y coudre ses oreilles. L'ouïe si fine de l'animal lui permettrait d'entendre le moindre signe de vie du gibier et ses éventuels dangers.

BOUGIE du SACRÉ-CŒUR
BOUGIE du SACRE-CŒUR
8 BOUGIES
Ne fume pas
Ne coule pas
BOUGIE du SACRE-CŒUR
30 BOUGIES
BOUGIE du SACRE-CŒUR
30 BOUGIES
BOUGIE du SACRE-CŒUR
30 BOUGIES
BOUGIE du SACRÉ-CŒUR
BOUGIE du SACRE-CŒUR

BOUGIE

Les bougies que l'on souffle sur un gâteau d'anniversaire ne célèbrent pas tant le nombre d'années passées que l'élan qui pousse chacun vers la vie. Les cierges, les bougies, les chandelles symbolisent fréquemment l'âme des défunts. Leur flamme, une métaphore de l'ascension, est une manière de « communiquer » avec eux. Allumer un cierge pour un saint, c'est essayer de réclamer un peu d'attention de sa part. Des baptêmes aux veillées mortuaires, les bougies semblent avoir été adoptées par l'ensemble des religions. Les pratiques magiques y voient une manière d'éloigner les mauvais esprits. Dans la culture populaire d'Amérique du Sud, qui a emprunté certaines coutumes aux rites chrétiens, une couleur attribuée à chaque bougie permet de mieux « cibler » les souhaits de chacun : amour, prospérité, santé… La bougie bleu pâle peut, dit-on, aider aux examens, la vert clair favoriser toutes les démarches, la marron foncé permet de retrouver un objet disparu ; quant à la bougie rose, au Guatemala, on la fait brûler pour rester en bonne santé.

ERE ET LA VIE
LUMINE MOI
22936
MAIN PUISSANTE DE DIEU
... ÉCOUTE NOTRE DEMANDE ...
POUR OBTENIR LA CHANCE ET L'ABONDA
POUR ÉLOIGNER DE NOUS
TOUS LES FLÉAUX DE NOTRE VIE.
L'OEIL OMNIPRÉSENT DE DIEU
LA OMNIPRESENCIA DE DIOS
... ÉCOUTE NOTRE DEMANDE ...
POUR OBTENIR LA GRÂCE DIVINE
POUR ÊTRE PROTÉGÉ PAR L'OEIL,
L'ÉCOUTE ET LA MAIN DE DIEU.
Main
Puissante
Oeil
Dieu

IE, VIERGE SAINTE, PAR CETTE
ERE, ACCORDE-MOI LA GRACE
OTRE DAME DE BETHLEEM
22926
MARIE,
TOI QUI DÉFAIS LES NŒUDS
PRIEZ POUR MOI !
Notre Dame de Fatima
N.D
ethleem
N.D.
noeuds
N.D
Fatima

POUPÉES

Pour dormir le cœur léger, les enfants du Guatemala ont une technique bien à eux. Ils confient un souci à de toutes petites poupées, qu'ils déposent à la tête de leur lit. En Chine, les parents, afin d'éloigner les cauchemars des tout petits, mettaient des pièces d'argile derrière leur tête au moment de les coucher. En Kabylie, où l'on ne plaisante pas avec le mauvais œil, un couteau bien défensif sera glissé sous l'oreiller des nouveau-nés. C'est une place de choix si l'on veut soustraire son enfant à la concupiscence avoisinante. Par sa dualité, la poupée vaudoue s'utilise aussi bien en magie blanche qu'en magie noire. Avec des plantes et des pierres, elle peut, pour ceux qui l'investissent et qui y croient, aider la santé à revenir... La psychanalyse appelle cela un objet de substitution. Quelques guérisseurs dans la médecine traditionnelle confient les douleurs de leurs patients à des dieux consacrés à certaines maladies. Ainsi, dans le sud de l'Inde, trouve-t-on la déesse Mariamman qui envoie des maladies contagieuses. On lui rend chaque année un culte lors de grandes fêtes. Au Ghana, des poupées fétiches sont consacrées pour obtenir la bénédiction de Mami Wata, la mère des eaux, responsable de la bonne santé des hommes.

Long

évité

Long

208209

Un teint de paon, la force d'un éléphant, la rapidité d'un cheval, la résistance du lion des neiges et une vie aussi longue que le soleil et la lune, c'est ce que promettent les élixirs de jouvence tibétains à base d'huiles essentielles. Personne ne peut échapper à la mort, au temps, qui comme le dieu Chronos dévore sans cesse ses enfants. Alors autant essayer de prolonger la vie, de redonner force à ce qui décline. Si l'on acquiert rang d'immortel le plus souvent couché dans sa tombe, pourquoi serait-il déraisonnable de s'enquérir, tant que l'on est bien vif, de ce qui pourrait prolonger son destin ? Trouver la formule de nectars, de liqueurs à base d'or, d'eaux-de-vie pour se régénérer, se nourrir d'ambroisie et de tout aliment divin d'immortalité hantent ainsi l'imaginaire des hommes quelles que soient les époques et les cultures. Aussi les vœux de longévité sont-ils les bienvenus à tout moment de l'existence. À l'intention de ceux qui ne sont pas pressés de mourir, les calligraphes chinois ont répété cent fois le caractère de la longévité pour qu'il forme un motif magique signifiant « cent longues vies ». Mais comment avoir une vie aussi durable que celle de la tortue et de la grue ? Potions, onguents, lotions de toutes officines n'auront aucun effet à en croire l'opinion des sages, car seul l'équilibre intérieur loin des passions, du stress et autres souffrances serait source de vie…

1491

TORTUE

Ronde comme la voûte céleste, plate comme la terre et avec ses quatre pattes comme autant de colonnes pour supporter le monde, la tortue à elle seule détient tous les secrets de l'univers ou presque ! La carapace de cet animal bénéfique, associé à la divination, servait en Chine à prédire l'avenir. On a ainsi retrouvé les premiers caractères chinois sur des carapaces de tortues destinées à rendre un oracle. Le devin la piquait à certains endroits avec des tisons et, selon la trace que cela dessinait sur ses écailles, il savait ce qui était faste ou non. Tracé filiforme et irrégulier, oblique vers l'extérieur, rectiligne et vertical, oblique vers l'intérieur ou rectiligne et horizontal, ces cinq interprétations possibles correspondaient aux cinq éléments de la cosmologie chinoise : l'eau, le feu, le bois, le métal et la terre. Mais la tortue, par sa résistance à la faim et à la soif tout autant que par sa force tranquille, est aussi un symbole de longévité. Et, comme de la longévité au désir avoué de ne jamais mourir il n'y a qu'un pas, la tortue est vite devenue symbole d'immortalité. Ne s'enfouit-elle pas chaque hiver pour renaître au printemps ?

SCARABÉE

Chez les Égyptiens, les amulettes étaient portées par les vivants comme par les morts. Les termes associés au registre « bon augure » y étaient inscrits en hiéroglyphes, comme la croix en boucle qui signifie « vie » ; le pilier, « stabilité » ; la colonne de papyrus, « fraîcheur ». On retrouve aussi le scarabée. Sculpté dans le jaspe vert et cerclé d'argent pour les nobles, il était placé lors de l'embaumement à la place du cœur pour que le mort puisse accéder à la vie éternelle. Le *Livre des morts* relate avec précision tous les rites et croyances dont étaient entourés les défunts. La pesée du cœur devant le dieu Osiris était un passage obligé pour connaître le futur destin du trépassé. « Ô mon cœur maternel, mon cœur de mes différents âges, ne témoigne pas contre moi, ne prends pas parti contre moi dans le tribunal, ne fais pas pencher contre moi la balance devant le peseur. » Les Égyptiens écrivaient alors des prières sur le scarabée pour que celui-ci les aide à franchir cette dernière étape. Mais pourquoi avaient-ils choisi un bousier comme insecte emblématique ? Avec la boule qui roule entre ses pattes, le scarabée semblait imiter la course du soleil autour de laquelle les Égyptiens avaient organisé leur société. Il symbolisait ce qui était « en devenir ».

FEUILLAGE

Avatar de religions ancestrales qui attribuaient à la nature un caractère sacré ou bien souvenir du Christ et de sa croix, on « touche du bois » pour se porter chance. Les arbres au feuillage persistant ont la faveur des hommes pour leur symbolique liée à la longévité. En Occident, les chrétiens choisirent le buis, dont ils appréciaient la dureté. Les peuples du nord de l'Europe ont, quant à eux, toujours paré le sapin ou les épicéas quels qu'ils soient des plus grandes vertus. Avant d'en faire leur arbre de Noël, pour fêter le jour où la lumière renaissait, ils en accrochaient des branches au-dessus de la porte d'entrée de leur maison avec des morceaux de pain et de viande séchée afin que les génies y trouvent de quoi survivre au pire moment de l'hiver. En Chine, on réunit le pin, le bambou et le prunier sous l'appellation « les Trois Amis », parce que ce sont les seuls arbres à résister au froid.

SERPENT

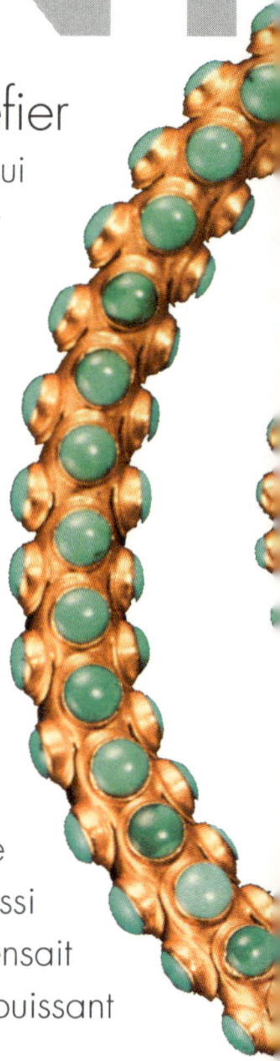

Ruse ou sagesse ? Comment ne pas se méfier du serpent et de ses belles promesses, lui qui se présente toujours à son avantage, délaissant son aspect inquiétant dans la mue de ses écailles ? On le dit immortel puisqu'il renaît sans cesse avec une nouvelle peau. Lorsqu'il se mord la queue tel l'Ouroboros égyptien, il symbolise le temps cyclique et l'éternel retour. Pourtant, le serpent est puissant, dangereux, insaisissable comme le devenir des hommes peut-être. Tour à tour, il est celui qui guérit et connaît le secret des herbes ramenant à la vie et celui qui donne la mort. En Haïti, Damballah, un des esprits bénéfiques du vaudou, représenté sous la forme d'une couleuvre blanche, est immortel et immunisé contre toutes les maladies. Porter autour du cou un gri-gri avec un morceau de peau de serpent est donc considéré comme une bonne protection. Le serpent, parce qu'il est aussi un symbole phallique, est lié à la fécondité et l'on pensait autrefois en Orient que manger sa vésicule constituait un puissant aphrodisiaque.

EAU
CONTRE
LE MAL
Cont.
50ml
EAU DE
DESENVOÛTEMENT
70% vol.
CORSO
PARIS FRANCE
C
RAMENANT

ÉLIXIR

En regardant la lune, on peut voir apparaître de drôles de formes. Pour les taoïstes, il ne fait nul doute que c'est le lièvre de jade qui broie des herbes avec un petit pilon dans un mortier à l'ombre d'un figuier. Il prépare un élixir d'immortalité. La légende raconte que la déesse Chang E fut punie pour avoir volé la pilule d'éternité à son mari. Condamnée à l'exil sur la lune, elle y fut transformée en crapaud. Pour que le crapaud ne reste pas seul, la pilule devint un lièvre. Le quinzième jour du huitième mois du calendrier lunaire, maigre compensation, la déesse réapparaît et l'on célèbre sa beauté. Les Chinois connaissent aussi un champignon, le *Polyporus lucidus*, dont ils disent qu'il a le pouvoir de faire revenir les morts à la vie. Mais, pour cela, il faut aller le cueillir dans les îles des Immortels à l'est de la mer de Chine. Son chapeau à la forme nébuleuse a influencé celle du sceptre *ru yin*, associé à la chance. Les Celtes pensaient que l'hydromel pouvait avoir ce pouvoir, alors qu'en Inde, d'après les Vedas, on dit que c'est le jus de *soma*, aux propriétés hallucinogènes, qui permettrait d'accéder au divin.

COMPTOIRS SPIRITUELS
PARFUM
N°304
PROTECTION ET
DESENVOUTEMENT
Contre les mauvaises
aide à vous débarrasser
maléfice provoqués par
Mode d'emploi
Psaume 10,58.
P304
37,35 €

SPIRITUELS
FUM
21
ICE
ce en affaire,
ur, jeux.
corps.
OMPTOIRS SPIRITUELS
PARFUM PUR
SAINT MICHEL
la protection de tous
maléfices
d'emploi : Se parfumer tous les
Psaume 64 et la Prière de Dévotion
Supplication St Michel

CARPE

Au Japon, un archipel entouré par la mer et largement irrigué par de nombreuses rivières, on apprécie ce qui vient de l'eau, les poissons certes, mais aussi le sel dont le rôle était purificateur dans les rites shintoïstes. Le mieux pour s'approprier un peu du pouvoir bénéfique des poissons est d'en remplir des bassins ou de grands aquariums. La carpe demeure le poisson de prédilection. Sa longévité légendaire en a tout naturellement fait le symbole. Les samouraïs voyaient aussi dans la carpe une grande capacité de résistance. Ne dit-on pas que, sur la planche à découper du cuisinier, elle attend son heure sans broncher ? Un poisson exemplaire, qui, en raison de son endurance – il nage en remontant les courants –, est offert aux jeunes garçons japonais lors d'une fête qui leur est consacrée.

ÉLÉPHANT

Selon une croyance anglaise, il serait d'excellent présage de croiser un éléphant à la sortie d'une messe de mariage. Fait rare en effet, sauf peut-être dans leurs anciennes colonies, et qui méritait d'être relevé ! En Occident, loin des caractères royaux attribués au pachyderme du sous-continent indien, on a surtout vu en lui pendant longtemps stupidité et gaucherie. Peut-être faut-il qu'il arrive dans les ménageries pour que l'on commence à l'envisager différemment, à l'instar de son acolyte le rhinocéros un peu plus tôt. Au début du XIXe siècle, les femmes furent séduites par la trompe et les deux défenses de l'animal. Elles le portaient en pendentif ou autour du poignet ou l'exposaient dans leurs maisons, blanc de préférence et, pour que ce soit bénéfique, la trompe en l'air. Et comme l'éléphant vit plus d'un siècle, question longévité, il est particulièrement convoqué. Ne serait-ce qu'avec un simple poil à porter en collier ou en bracelet. En Afrique, la pharmacopée a longtemps utilisé ses os, ses dents, ses griffes ou sa peau pour confectionner médicaments, onguents et talismans.

CORAIL

Le corail est un arbuste rouge qui vit au fond de la mer. Jusqu'au XVIIIe siècle, les savants eurent du mal à savoir à quel règne il appartenait : animal, végétal ou minéral ? Cette ambiguïté en a fait un porte-bonheur de choix même si le mystère finit par être élucidé. C'est un animal, certes microscopique, qui construit une carapace durant toute sa vie. Il constitue avec ses congénères d'immenses colonies qui forment les récifs coralliens. Animal donc, on retrouve le corail depuis la période néolithique (5000-2300 av. J.-C.) dans les tombes, sous forme de petites perles, autour du bassin méditerranéen. Sa couleur rouge, symbole de vitalité, l'avait aussi désigné pour aider à la longévité. On disait que lorsque le corail pâlissait ou avait des taches, celui qui le portait était en train de tomber malade. En Polynésie, on célèbre le corail par l'intermédiaire du dieu Varuga.

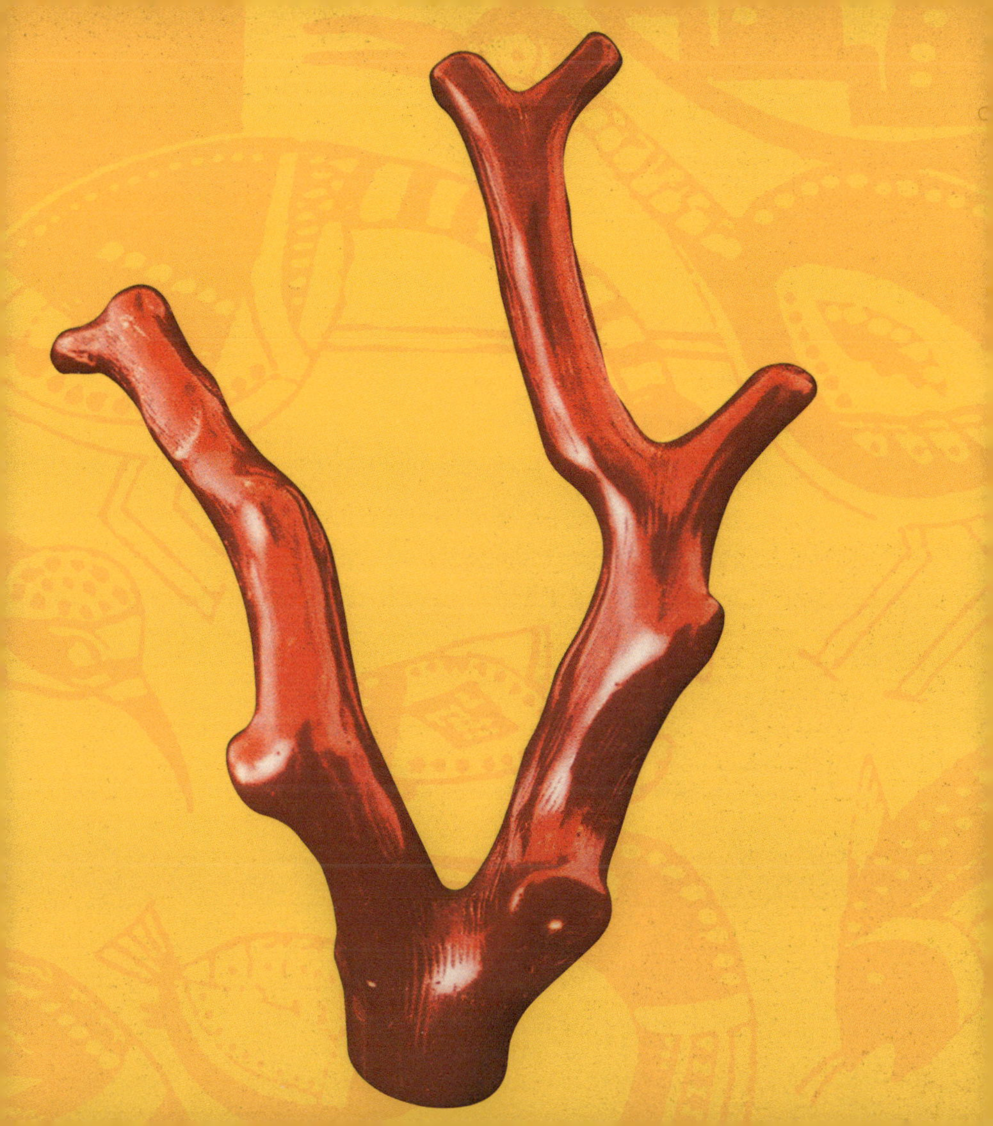

BIBLIOGRAPHIE

– Andrade Marie-Odile, *Les Porte-bonheur*, Christine Bonneton, 1987.
– Bayard Jean-Pierre, *Les Talismans*, Edilat, 1976.
– *Beauté éternelle, l'art traditionnel japonais*, Skira/Seuil, 2002.
– Cazenave Michel (sous la direction de), *Encyclopédie des symboles*, Librairie générale française, coll. « La Pochothèque », 1996.
– Chevalier Jean et Gheerbrant Alain, *Dictionnaire des symboles*, Robert Laffont, Jupiter, 2000.
– *Chine. Trésors du quotidien*, Skira, 2004.
– Culas Michel, *Grammaire de l'objet chinois*, Éditions de l'Amateur, 1997.
– Darmon Reed, *Made in China*, Chronicle Books/Seuil, 2004.
– *Grand Usuel Larousse*, Larousse-Bordas, 1997.
– Koenig Yvan, *Magie et Magiciens dans l'Égypte ancienne*, Pygmalion/Gérard Watelet, 1994.

– MOZZANI Éloïse, *Le Livre des superstitions*, Robert Laffont, coll. « Bouquins », 1995.
– ORIS Edmond, *Le Grand Livre des amulettes et des talismans*, Éditions de Vecchi, 1992.
– PELT Jean-Marie, *Des légumes*, Fayard, 1993.
– ROACH David, *Magie et tradition juive*, Albin Michel, 1989.
– ROCHE Christian et BARRÈRE Jean-Jacques, *Le Bestiaire des philosophes*, Seuil, 2001.
– SHAKER Laibi, *Soufisme et art visuel*, L'Harmattan, 1998.
– SUNG Vivien, *Bonheur, bonheurs*, Chronicle Books/Seuil, 2003.
– SWERDLOW Joël L., *Nature et médecine, les plantes qui guérissent*, National Geographic, 2000.
– VAN GENNEP Arnold, *Le Folklore français*, Robert Laffont, coll. « Bouquins », 1998.
– VARICHON Anne, *Couleurs*, Seuil, 2000.

CARNET D'ADRESSES

AHGA
21, rue Montorgueil 75001 Paris

ALMANDINE, ANTIQUITÉS & BIJOUX ANCIENS
72, rue du Cherche-Midi 75006 Paris

L'ART, L'OBJET, LE GOÛT
14, rue de Birague 75004 Paris
(page 54)

AS'ART
3, passage du Grand-Cerf 75002 Paris
(page 157)

ASIE-ANTILLES-AFRIQUE
88 bis, rue du Faubourg-du-Temple
75011 Paris
(pages 12, 27, 200)

AU PETIT CREUX
47, rue des Acacias 75017 Paris

LA BOUTIQUE DE L'AMÉRIQUE LATINE, ARTISANAT D'AMÉRIQUE LATINE
64, boulevard Pasteur 75015 Paris

CHEZ CHOUCHOU ET FRED
58, rue des Acacias 75017 Paris

CLER'S
24, rue Cler 75007 Paris

COMPTOIRS SPIRITUELS
8, rue Poulet 75018 Paris
(pages 124, 144, 202-203, 218, 220-221)

CUMBIA
113-115, rue du Cherche-Midi
75006 Paris
(pages 56-57)

DIASPORAMA
20, rue des Rosiers 75004 Paris
(page 74)

EXOTICA
75, avenue Émile-Zola 75015 Paris

L'ÉCHOPPE MARINE
84, avenue de Suffren 75015 Paris
(page 179)

FRENCH TOUCH, GALERIE D'OBJETS TOUCHANTS
1, rue Jacquemont 75017 Paris

HOLAMANOLA
Salguero 2656 local 8, Buenos Aires
(Argentine)
(pages 112-113)

LES IMPRESSIONS 120
120, avenue Parmentier 75011 Paris

LADURÉE
75, avenue des Champs-Élysées
75008 Paris
(page 18)

LA LIBRAIRIE DE L'INCONNU
84, rue du Cherche-Midi 75006 Paris
(pages 34-35, 53)

LE LION DU KENYA, ARTISANAT DU KENYA ET DE TANZANIE
1, rue du Cygne 75001 Paris

LITCHI
4, rue des Écouffes 75004 Paris
(pages 39, 130, 172-173, 183)

MARA BOUTIQUE
10, rue Doudeauville 75018 Paris
(page 195)

MIYAKODORI
1, impasse Guéménée 75004 Paris
(page 48)

M. M. K. INTERNATIONAL
60, rue Louis-Blanc 75010 Paris

MONIC
14, rue de l'Ancienne-Comédie
75006 Paris
(pages 24, 229)

LES NOCES D'OR
17, rue d'Aligre 75012 Paris
(pages 120-121)

NOËL
1, avenue Pierre Ier-de-Serbie 75016 Paris
(page 98)

PATACHINE
86, rue du Cherche-Midi 75006 Paris
(pages 102, 169)

PETIT PAN
39, rue François-Miron 75004 Paris
(pages 72-73, 199)

PHARMACIE F. AUTISSIER
56, rue du Cherche-Midi 75006 Paris
(page 88)

ROSHNI SARL
15, place Saint-André-des-Arts
75006 Paris

STASIA
10, rue des Frères-d'Astier-de-la-Vigerie
75013 Paris
(pages 53, 79)

TIENDA ESQUIPULAS
123, rue Saint-Maur 75011 Paris
(page 205)

TILSAM, MEUBLES JAPONAIS ET ARTS D'ASIE
21, rue de l'Odéon 75006 Paris

AUX TORTUES
2, boulevard Raspail 75007 Paris
(pages 95, 226-227)

CRÉDITS PHOTOS

Bridgeman : 217, 230-231. **BnF**, Paris : 26. **Corbis**/Randy Faris : 34 ; James Nazz : 147. **D. R.** : Couverture bas, 31. **Getty Images** : Couverture haut, 147, 192. **Kharbine-Tapabor** : 20-21, 214 ; Collection Sev : 105. **Magnum Photos**/Ian Berry : 68. **Photononstop**/Benelux Press : 136. **Selva/Leemage** : 96-97, 101. **Sylvain Van Eeckhout** : 12, 18, 22, 25, 28-29, 32-33, 37, 38, 44, 47, 48, 50-51, 53, 54, 56-57, 58, 61, 67, 71, 72-73, 74, 76-77, 79, 80-81, 82, 84-85, 87, 88, 95, 98, 102, 106, 109, 110-111, 112-113, 118, 120-121, 123, 124, 126-127, 129, 130, 132-133, 135, 143, 144, 148-149, 150, 154, 157, 158-159, 164, 166-167, 169, 170, 172-173, 175, 176, 179, 180, 183, 188, 191, 195, 196, 199, 200, 202-203, 205, 210, 218, 220-221, 223, 226-227, 229. **Jacques Vasseur** : 212, 213, 224. **Jean Vigne** : 153.

Photogravure : IGS-Charente photogravure à l'Isle-d'Espagnac, France
Impression : Pollina à Luçon, France - n° L97801
Dépôt légal : octobre 2005 - N° 80356

MERCI

Pour leur collection particulière à Gwen Le Gac, Kazuko Wakayama et Nicole Dondelinger.
Aux voyageuses Marie Laffon et Sophie Cluzan qui ont rapporté des porte-bonheur insolites dans leurs bagages.
Une pensée magique pour Ségolène Fossard.

Direction éditoriale : Claude Hénard
Suivi éditorial : Nathalie Beaux Richard
Direction artistique : Valérie Gautier
Conception graphique et réalisation : Caroline Chambeau
Responsable de fabrication : Charlotte Debiolles
Iconographie rassemblée par : Marion Guillemet et Anne Soto